VOCI

Marta Cartabia
Luciano Violante

Giustizia e mito

Con Edipo, Antigone e Creonte

il Mulino

ISBN 978-88-15-27822-7

MISTO
Carta | A sostegno della gestione forestale responsabile
FSC® C118320
FSC
www.fsc.org

Redazione e produzione: Edimill srl - www.edimill.it

Finito di stampare nel mese di maggio 2024 presso LegoDigit s.r.l. - Lavis (TN)

Indice

Marta Cartabia Luciano Violante

Edipo, Antigone, Creonte: il governo e la giustizia

Due archetipi

Perché due giuristi si trovano a riflettere e a dialogare su *Edipo Re* e *Antigone*? Una domanda si impone sull'opportunità di un'ennesima rivisitazione della tragedia greca, letta, per giunta, con gli occhiali del giurista.

È vero che «la tragedia è tutt'altra cosa da un dibattito giuridico», ma è altresì vero che essa «prende a oggetto l'uomo che vive di persona questo dibattito» [Vernant e Vidal-Naquet 1976, 5]. È questo il protagonista dell'opera di Sofocle, ritratto anche nella dimensione giuridica del suo agire, mentre è costretto a compiere scelte decisive, orientando la sua azione attraverso un complesso di circostanze ambigue e contrastanti, dove nulla è univoco.

Quelle di *Edipo Re* e di *Antigone* sono due storie paradigmatiche, vicende singolari che recano un contenuto universale da interrogare con le domande del presente: anche con quelle del *giurista* del presente. «È a partire dalla nostra attualità e dai suoi problemi che poniamo domande alla tragedia antica» ha scritto Nicole Loraux [2001, 4].

Come tutti i grandi classici, la tragedia è connotata da una tale complessità e profondità semantica, da consentire molteplici letture seguendo or l'uno or l'altro dei vari fili di riflessione che, legittimamente, la tessitura del testo lascia scorgere: affidata alla lettura di chi per professione studia e pratica il diritto, essa svela prospettive che forse altrimenti rimarrebbero sfocate.

Invero, all'origine di questa riflessione condivisa, vi è l'attrattiva di un'avventura più incontrata che cercata. Entrambi siamo stati invitati dal Mulino, in collaborazione con la Fondazione del Monte di Bologna e Ravenna, nell'inverno del 2016, a tenere due distinte conversazioni sull'*Edipo Re* e sull'*Antigone* che leggessero le due tragedie in una prospettiva giuridica.

Difficile dire se Edipo e Antigone si siano imposti alla nostra attenzione per la loro intrinseca suggestività, oppure se la persistenza nella memoria di figure così fortemente simboliche sia dovuta alla potenza che Sofocle ha saputo imprimere nei suoi personaggi e nell'intreccio delle sue tragedie. Certo è che il loro fascino ci ha indotti non solo ad accettare l'invito dell'editore, ma anche a fissare quelle prime riflessioni con un approfondimento e un confronto sull'idea di diritto che traspare nelle due opere e sul loro rapporto, se c'è, con un'attualità che quasi spasmodicamente invoca la giustizia in tutte le sue accezioni, sia come esigenza primaria insopprimibile del cuore dell'uomo, sia come istanza di «purificazione» della società da quegli individui che, ora da una parte, ora dall'altra, sono considerati nemici del bene, benché spesso siano solo proiezioni di ingannevoli pregiudizi.

Accettata la proposta per curiosità, e quasi per un *divertissement*, l'esplorazione si è rivelata più interessante di quanto potessimo immaginare: la prospettiva giuridica, dalla quale per professione guardiamo ai fatti del nostro tempo, ha trovato nuovi spunti e nuove modalità espressive una volta attratta, anche solo per un momento, nell'orbita di temi più squisitamente letterari.

Da quelle iniziali occasioni, tra Roma, Cogne e Ollomont si sono poi generati ulteriori momenti di scambio di idee, di dialoghi, di riflessione comune, di condivisione conviviale, di teatro, letture e intuizioni, anche con la partecipazione di Danila Aprea e di Alessandro Baro, che ringraziamo sentitamente per il loro contributo attivo a questa impresa e senza il cui supporto questo lavoro sarebbe più povero.

La struttura di questo libro riflette l'andamento degli eventi da cui è scaturito. Dopo una breve esposizione delle tematiche, il volume è composto da un primo sviluppo di Marta Cartabia che esamina gli spunti che emergono dall'*Edipo Re*; segue un secondo sviluppo di Luciano Violante che approfondisce gli elementi giuridici e politici dell'*Antigone*; infine, una *ripresa* dei due autori, in dialogo fra loro e interrogati da Danila Aprea e Alessandro Baro, torna ad approfondire alcuni intrecci dei temi che si sono delineati nelle riflessioni precedenti.

Gli autori non sono specialisti di letteratura o drammaturgia greca e non hanno l'ambizione di gettare nuova luce sull'interpretazione di Sofocle né di scrivere un nuovo capitolo di critica letteraria. Lo scopo del libro non è un'ulteriore indagine sul mito e sulla tragedia. Questo ambito è egregiamente coperto da studi che negli ultimi due secoli si sono generosamente profusi in analisi che, nel merito, godono di una competenza che non è la nostra. Il nostro approccio non intende addentrarsi nei campi ben tracciati della filologia, della lingua, della filosofia, per menzionare solo alcune delle discipline specialistiche che a buon diritto si occupano normalmente del mito e della tragedia. Naturalmente, è stato effettuato qualche «carotaggio» in questi ambiti che aprono orizzonti sempre nuovi. Tuttavia, questo libro racconta, essenzialmente, le ripercussioni che la lettura delle due tragedie ha riverberato nella nostra esperienza di persone a diverso titolo chiamate a svolgere funzioni pubbliche.

Siamo due giuristi e ciascuno ha rilevato in queste opere gli elementi che sollecitano maggiormente la propria sensibilità e le proprie conoscenze. Nella provenienza comune dal mondo del diritto, una ha intrecciato le sue competenze di docente e studiosa di diritto pubblico con il mandato di giudice della Corte costituzionale; l'altro ha innestato la sua pregressa esperienza di magistrato e di studioso del diritto penale nell'attività parlamentare e politica fino alla Presidenza della Camera dei deputati.

Rileggere le due tragedie classiche è stata una occasione di riflessione su se stessi, un guardarsi allo specchio, per una più approfondita conoscenza di sé e del proprio ruolo: come direbbe l'Hannah Arendt del Prologo di *Vita activa* [2009, 5], uno spunto per «pensare a ciò che facciamo»; uno spunto che offriamo anche a chi avrà la pazienza di percorrere questo tratto di strada con noi.

Le due tragedie sono disseminate di una serie di elementi – parole, espressioni, frasi, situazioni – che ci hanno consentito di rilevare la loro tessitura giuridica. In queste brevi pagine introduttive tratteggiamo, con pochi accenni, le tematiche che troveranno uno sviluppo più ampio nelle parti che seguono.

Giudicare, governare

In *Antigone*, l'azione tragica pone direttamente in conflitto la legge divina (Antigone) e la legge dello stato (Creonte) nello spazio pubblico: l'azione è tragica perché la città organicamente legata ai suoi costumi, al suo *ethos*, si lacera al suo interno, senza mediazione. In *Edipo Re*, la lacerazione, pur mantenendosi sulla scena pubblica, si origina e si svolge in una dimensione interiore ed è rappresentata nella lotta tra il sapere e il non sapere di sé: è qui che lo spirito un tempo armonioso della città tende alla disgregazione.

Né in *Antigone*, né in *Edipo Re* interviene un dio a ricomporre il dissidio, come invece accade in altre tragedie, a partire dalle *Eumenidi*. Anzi, in *Edipo Re* l'unica traccia dell'intervento di un dio segna un destino nefasto con la duplice profezia del parricidio e dell'incesto. Per il resto, tutto è terribilmente umano e in nessuna delle due vicende gli uomini riescono a sfuggire al lutto, anzi sembrano precipitarvisi, come se, senza un dio, l'uomo fosse incapace di sciogliere i nodi che la vita gli pone.

Edipo e Creonte sono di fronte a un problema politico comune e a due distinti problemi giuridici. Il problema di *governo* comune è costituito dalla salvezza della città.

La Tebe di Edipo è attanagliata dalla peste, i cittadini rischiano di essere sterminati e il morbo cesserà di mietere vittime solo quando sarà scoperto l'autore dell'omicidio di Laio, il vecchio re di Tebe. Edipo deve comportarsi da sovrano responsabile nei confronti della sua città e, perciò, si impegna affannosamente nella ricerca del colpevole. L'indagine lo porterà a svelare l'enigma, trovando proprio in se stesso l'origine del male che distrugge la città. Egli, che aveva salvato Tebe dalla tenaglia della Sfinge e per questo era stato posto a capo della città, ora scopre di essere la fonte del male che la devasta per avere, inconsapevolmente, ucciso il padre Laio e sposato sua madre Giocasta. Per questo chiede di essere esiliato dalla città, proprio come richiesto dall'editto che egli stesso aveva emanato in apertura dell'azione.

Il male che può colpire la Tebe di Creonte, succeduto a Edipo, è il disordine, l'anarchia. Dopo la fine del regno di Edipo, i figli Eteocle e Polinice, essendo gemelli e non potendo perciò vantare un diritto certo sul trono, si accordano per istituire una sorta di diarchia, regnando a turno un anno alla volta. Eteocle è il primo, ma, giunto il momento di passare il trono a Polinice, lo fa imprigionare e, successivamente, lo allontana dalla città. Questi, rifugiatosi ad Argo, prepara un attacco contro Tebe, durante il quale i due figli di Edipo si danno reciprocamente la morte, inverando la maledizione che era stata lanciata su di loro. È questo lo stato della città di Tebe quando Creonte si trova al comando e ordina di lasciare insepolto Polinice, traditore e nemico della patria.

Molti hanno visto in Creonte il despota chiuso nella propria visione del potere, geloso della propria immagine e timoroso di apparire debole di fronte a una donna, la nipote Antigone, o a un giovane, il figlio Emone, oppure ancora di fronte a un vecchio vate come Tiresia. In realtà, come vedremo e come rilevato anche da Gustavo Zagrebelsky [2008, 65], la sua figura è più complessa. Egli ha il dovere di governare la città e non può tollerare che le sue leggi vengano infrante per di più da un'appartenente alla sua famiglia. Se tollerasse questa violazione, farebbe prevalere il legame di sangue; ma la nuova città-stato si caratterizza proprio per il primato della *polis* sulla famiglia. Se ritrattasse l'editto, la sua autorevolezza come sovrano della città verrebbe irrimediabilmente compromessa.

Al centro delle preoccupazioni di Creonte e di Edipo c'è quindi il buon governo della città che è intimamente connesso alla loro capacità di occuparsene, debellando il male che la affligge in un caso e garantendo l'ordine civile nell'altro.

Distinti invece sono i problemi *giuridici* dei due re di Tebe.

Verità e responsabilità

Edipo deve cercare l'assassino di Laio. Egli ignora troppe cose che ha bisogno di sapere per salvare la città e si muove con le tecniche proprie dell'indagine giudiziaria.

In un altro grande classico della tragedia, *Amleto*, la rappresentazione scenica dell'*Assassinio di Gonzalo* non è un processo, ma ha la stessa finalità di un processo: smascherare lo zio, rendere a tutti evidente ciò che tutti sospettano e cioè che è lui l'assassino del padre. In *Edipo Re*, invece, si parte dall'ignoranza perché Edipo, a differenza di Amleto, non conosce la verità; l'indagine ha la finalità di risolvere l'enigma che costituisce il motivo guida della tragedia.

Edipo quindi ricorre al metodo giudiziario. Il fine è l'accertamento della verità e della corretta ricostruzione degli accadimenti, al quale conseguirà la dichiarazione di responsabilità. L'accertamento della verità è il grande problema di Edipo ed è il grande problema del processo penale. Nel sistema penale dei regimi dispotici, quello dell'Inquisizione contro i veri o presunti eretici o quello del regime staliniano contro i veri o presunti oppositori, lo scopo del processo è l'affermazione di una «verità» precostituita e al conseguimento di tale scopo sono piegati tutti i mezzi processuali, sino alla violenza sul testimone o sull'accusato, ma con un'ambiguità di fondo che non c'è in Edipo e che è propria invece del totalitarismo. Al regime totalitario non interessa la verità storica. Il processo deve confermare che l'inquisitore ha ragione e che la sua «verità» è l'unica accettabile. Attraverso la violenza del processo viene confermata la tesi accusatoria e quindi la piena legittimazione dell'inquisitore.

Il processo penale dello Stato democratico sottopone invece l'acquisizione delle prove a garanzie, termini, prescrizioni, decadenze, preclusioni e condizioni; individua riti alternativi che prescindono dall'accertamento della verità; sancisce l'inutilizzabilità della prova illegale, anche se contiene elementi essenziali per comprendere l'effettivo svolgimento della vicenda. Evidentemente la finalità del processo penale dello Stato democratico non è l'accertamento della verità a tutti i costi, altrimenti non sarebbero previsti vincoli nella formazione e nella acquisizione della prova, che limitano le possibilità investigative e quindi l'accertamento del reale stato delle cose. I vincoli derivano dai valori costituzionali propri della democrazia, che i regimi dispotici non conoscono: diritti umani, diritti processuali delle parti, certezza delle regole, rapidità della conclusione.

Perciò si parla di verità processuale, nella consapevolezza che può trattarsi di cosa diversa dalla verità storica. Nel processo contemporaneo, l'accertamento della verità storica dei fatti avviene nei limiti del possibile e di un'adeguata tutela dei diritti dell'accusato, tanto che nel sistema cosiddetto *adversary*, la verità rilevante ai fini processuali è quella che emerge dal leale confronto tra le parti ed è offerta al libero convincimento del giudice. Naturalmente può ben darsi che in un numero non indifferente di casi la verità processuale coincida con quella storica; ma non è questo il primo scopo del processo penale. Esso si chiude con una dichiarazione che attesta la responsabilità o l'innocenza dell'accusato. Ed è questo lo scopo: sulla base delle regole dello Stato, non sulla base di un «principio di verità», tu sei colpevole o sei innocente.

Questa moderna responsabilità penale è cosa del tutto diversa dalla responsabilità di Edipo, Creonte e Antigone. Edipo non ha nulla da rimproverarsi. Alla sua nascita era stato vaticinato ciò che poi sarebbe accaduto. Come Edipo, anche Antigone appartiene a una stirpe, quella dei Labdacidi, sulla quale incombe un destino di rovina. Il dio che guida questo destino, emerge nettamente nell'*Edipo Re*, è Apollo. Sulla immutabilità del destino – «La potenza del fato è terribile» (*Antigone*, vv. 951-952) – sarà assai chiaro il coro nell'*Antigone*:

> a chi un dio sconvolga la casa
> nessuna disgrazia tralascia di cadere
> sulla intera stirpe [...].

Da tempo antico nelle case dei Labdacidi
vedo sventure
abbattersi sulle sventure degli estinti
né una generazione riscatta l'altra, ma le
sconvolge
un dio, e non dà scampo
(vv. 584-585, 594-597).

Edipo, congedandosi da Creonte e lasciandogli il regno, nelle battute finali della tragedia gli augura un dio più propizio: «Possa tu avere ogni bene; [...] un dio ti protegga meglio di me» (*Edipo Re*, v. 1479).

In questo quadro la responsabilità dell'uomo è parte del suo destino ed è perciò spesso condivisa con quella di un dio. Si fa ricorso infatti a termini giuridici che indicano una sorta di correità tra l'uomo e il dio: *metaitios* (corresponsabile), *xunaitia* (responsabilità comune), *paraitia* (responsabilità parziale) [Cascetta 2014, 7].

Diversa è la responsabilità dei moderni, che si affranca dai condizionamenti della fatalità e diventa totalmente libera. Questo radicale cambiamento si è prodotto nei secoli attraverso la progressiva affermazione del valore della persona, nella visione del mondo propria del cristianesimo e della cultura romana, e nell'antropologia dell'antico umanesimo, del rinascimento, dell'illuminismo e del romanticismo. Tutto ciò poté far dire a Brecht, in polemica con il ricorso al destino proprio della tragedia greca, «il destino dell'uomo è l'uomo» [Cascetta 2014, 14].

«Ius» contro «lex»: due assoluti che si scontrano

Nell'*Antigone* non c'è una verità da conoscere. Tutto è tragicamente chiaro. Ci sono due assoluti che si scontrano. La questione giuridica riguarda la soluzione di un conflitto tra la legge umana, posta da Creonte a garanzia dell'ordine nella città, e la legge divina che risale a comunità fondate sui legami di sangue.

Da una parte, lo ha osservato Gustavo Zagrebelsky [2003], Antigone sostenitrice di una legge non scritta e immutabile, lo *ius*, di cui è ignota la rivelazione e che si consolida nella famiglia legata da comunanza di sangue, dal culto degli stessi morti, dalla stessa concezione di onore e di fedeltà. Dall'altra, Creonte sostenitore della forza modernizzatrice della *lex*, prodotto principale della città-stato che, per consolidare il proprio primato rispetto alla vecchia organizzazione familistica o tribale, proclama orgogliosamente leggi che investono tutta la *polis*, indipendentemente dai legami di sangue, e pongono il bene della città, interpretato dal sovrano e svincolato da ogni legame privato, al di sopra di ogni altro interesse.

Nell'Atene di Sofocle, la cui vita di stende lungo tutto il V secolo a.C., il conflitto tra l'antica legge degli avi e la nuova legge della città non è ancora pienamente risolto. La legittimità di quest'ultima, come la legittimità della città-stato dalla quale la legge promana, è tutt'altro che scontata. Nulla dà alla *lex* un primato sullo *ius* e tuttavia nulla assicura più il primato dello *ius* in quel V secolo della modernizzazione politica e istituzionale. Di qui l'insolubile drammaticità del conflitto che non può che esaurirsi con la resa di uno dei contendenti o con la sua soppressione. Nell'*Antigone*, la tragedia si compie perché si verificano entrambe le condizioni. La morte travolge Antigone e il promesso sposo Emone che sino all'ultimo ha tentato di convincere Creonte, suo padre. Quando Creonte decide di cedere, è troppo tardi e la morte ha già colto Antigone e coglierà Emone pochi istanti dopo. Sofocle ci dice che non c'è soluzione per i conflitti tra assoluti.

Rifiutare la vendetta: la nascita del tribunale

Pochi anni prima era stato Eschilo (Eleusi 525-Gela 456), con la trilogia dell'*Orestea* (*Agamennone*, *Coefore*, *Eumenidi*), del 458 a.C. – quindi precedenti all'*Antigone* (442 a.C.) e, ancor più, a *Edipo Re* (per i problemi della sua datazione si veda Stella [2010, 43]) – e soprattutto con le *Eumenidi*, a dare una nuova dignità alla giustizia nella *polis,* affrancandola dall'idea della pura vendetta.

Nell'*Agamennone*, Clitennestra uccide il marito reduce da Troia, reo di aver sacrificato la figlia Ifigenia immolata agli dei per propiziare la vittoria. Nelle *Coefore*, Oreste, figlio di Agamennone, si vendica uccidendo la madre e il suo amante Egisto. Nell'ultima tragedia, le *Eumenidi*, le Erinni vendicatrici inseguono Oreste che si rifugia nel tempio di Atena sull'Acropoli. Qui, dopo aver assistito alla discussione tra Apollo, protettore di Oreste e ispiratore del duplice omicidio, e le Erinni che chiedono la punizione di Oreste soprattutto per l'omicidio della madre, che viola i vincoli familiari e di sangue sacri nella Grecia antica, Atena fonda il tribunale dell'Areopago per il giudizio finale e fa pendere con il proprio voto la bilancia a favore di Oreste.

Ma non si limita a questo.

Atena chiede alle Erinni di divenire le protettrici della città di Atene e garanti rispetto alla discordia civile, quindi Eumenidi, cioè «benigne». Le Eumenidi tracciano con nettezza il passaggio dalla società arcaica permeata da un senso di religiosità misteriosa e violenta fondata sulla vendetta – le Erinni hanno chiome di serpenti, fiati ammorbanti, volti rabbiosi – a una società moderna dove esse garantiscono la giustizia esercitata dal tribunale dell'Areopago. Rispetto ai dubbi di Sofocle, Eschilo appare decisamene schierato per la modernizzazione. La città-stato, la *polis*, guadagna uno status nuovo diventando l'istituzione che, se da un lato rifiuta la vendetta privata e amministra la giustizia, dall'altro incorpora l'antico paradigma volgendolo al bene della città.

Vicino nel tempo alle *Eumenidi* è il secondo libro della Bibbia, Esodo; le tesi più accreditate lo collocano tra il VI e il V secolo. Nel capitolo 18, Esodo si occupa della istituzione dei giudici. Ma nessun Eschilo e nessun Sofocle lo ha scritto ed è quindi inevitabile la piattezza del racconto, privo di quella tensione che caratterizza la tragedia; tuttavia è la piattezza della verità, povera di emozioni ma ricca dei significati che nascono dalla vita vera.

Il suocero di Mosè, Or Jethro, sacerdote di Madian, va a trovarlo. Gli ebrei sono fuggiti dall'Egitto, hanno superato il mar Rosso e sono nel deserto a Refidim; nei giorni successivi raggiungeranno il deserto del Sinai. Or Jethro segue affettuosamente il genero e constata che ha trascorso tutta la giornata successiva al suo arrivo per svolgere le funzioni di giudice nei confronti del suo popolo.

Il suocero è preoccupato che Mosè non possa attendere ai suoi compiti più importanti: «Finirai per esaurirti. [...] perché il compito è troppo arduo» (Es 18, 18). Gli suggerisce perciò una strada diversa: «Insegna loro gli statuti e le leggi e mostra loro la via per la quale devono camminare e ciò che devono fare. Ma scegli tra tutto il popolo uomini capaci» (Es 18, 20-21). Questi uomini devono essere timorati di Dio, fidati, e devono detestare il guadagno ingiusto: «Lascia che siano loro a giudicare il popolo in ogni tempo; essi riporteranno a te ogni problema di grande importanza, ma ogni piccolo problema lo decideranno loro. Questi uomini saranno capi di migliaia, capi di centinaia, capi di cinquantine e capi di decine» (Es 18, 22-23). Evidentemente in quella concezione la funzione del giudicare è intimamente connessa ad una funzione di direzione politica: quegli uomini saranno capi e, in quanto tali, giudici. È significativo il richiamo all'incorruttibilità che sembra rivelare come il problema esistesse anche a quel tempo.

Nelle *Eumenidi* Atena annuncia il superamento della vendetta attraverso la costituzione del Tribunale. Nell'Esodo sembra che la civilizzazione sia più avanzata. I cittadini devono essere messi in condizione di conoscere le leggi e di avere indicazione sui comportamenti da tenere nel contesto sociale, abbastanza turbolento, delle popolazioni che partecipano all'esodo. Il sovrano, perché tale è Mosè in quelle circostanze, non deve assumere presuntuosamente tutti i compiti, ma deve delegarli a persone affidabili e incorruttibili.

Il racconto si distacca dalla temperie creativa della tragedia e affronta i problemi concreti dell'organizzazione del potere politico e del rendere giustizia; appare a noi contemporanei come un involontario, ma coerente completamento dell'Areopago di Atene.

Diritto, religione, morale

I brevi cenni che precedono confermano che nella tragedia molti sono i motivi di attrazione per il giurista. I poeti tragici utilizzano il vocabolario giuridico giocando deliberatamente su incertezze che rispecchiano i conflitti con una tradizione religiosa e una riflessione morale dalle quali il diritto comincia a distinguersi, ma le cui sfere non sono ancora chiaramente delimitate in rapporto alla sua. Diritto, religione, morale: la tragedia greca segna l'inizio di una distinzione che nel corso della storia rimarrà sempre problematica: tutte queste dimensioni si trovano sempre in necessaria relazione fra loro, ma allo stesso tempo sono irriducibili l'una alle altre. Nell'epoca moderna, è soprattutto sotto l'impulso della filosofia kantiana che la cultura occidentale si è nutrita di una concezione della giustizia in cui tutti i rapporti morali, giuridici e politici confluiscono nella medesima idea di legalità, sicché tende ad apparire giusto ciò che è conforme alla legge [Ricoeur 1991, 11]. L'esperienza politica del continente europeo nell'ultimo secolo ha assistito alle gravi conseguenze che si generano quando si verifica una indebita sovrapposizione di piani tra legge, religione e morale. Da un lato, ha sperimentato la deriva di una legge che, volendo imporre un assetto di valori, è divenuta forza tirannica e totalitaria, nella forma dello stato etico che è inevitabilmente stato assoluto. Ma quando, all'opposto, si è tentato di separare totalmente il piano del diritto dal piano della morale, sotto l'influsso del positivismo giuridico, la legge ha finito per coincidere con il comando dell'autorità, fosse essa un re, un parlamento o la nazione o il popolo, atto di volontà indifferente al contenuto del comando che essa poneva. E così, per altra strada, la storia d'Europa è di nuovo stata attraversata dall'esperienza di un nuovo Stato assoluto di diverso segno. Dopo la tragica epoca dell'ingiustizia della legge [Radbruch 1946, 152 ss.] – con le infami leggi razziali italiane e tedesche degli anni '30 del Novecento – si è compreso che il legislatore non poteva meritare incondizionata fiducia, che il diritto e la giustizia dovevano tornare a dialogare, che il diritto e la morale dovevano gravitare su orbite distinte, ma non del tutto inincidenti.

Oggi, noi occidentali del XXI secolo, fiduciosi nelle virtù della democrazia, tendiamo a identificare ciò che è buono e giusto con ciò che è consentito dalla legge e ciò che è male con quello che la legge proibisce; sicché ci sentiamo sollevati dalla responsabilità personale di decidere noi stessi che cosa è buono e che cosa non lo è [Yehoshua 2017]. E così, anche nella nostra epoca caratterizzata da spinte contraddittorie – che da un lato tendono alla «iperlegificazione» della vita sociale e dall'altro al permissivismo liberale – si accorcia nuovamente la necessaria distanza critica tra legge, morale e religione.

Ancora oggi, non è raro che su specifici problemi ritorni la difficile questione della distinzione tra ciò che è religione, ciò che è morale e ciò che appartiene al diritto. I confini tra queste realtà appaiono spesso incerti, ma oggi non c'è nessuna Atena nelle nostre città capace, come fece nelle *Eumenidi*, di convincere gli uomini che quelle distinzioni sono necessarie alla civiltà. Sono gli uomini che devono continuamente rinvenire in se stessi le tracce di una identità capace di convincerli di quella necessità, nella ricerca incessante di una coerenza, sempre da ritrovare, tra momenti distinti, in un movimento inclusivo che non trascuri nulla: come quello con cui Atena convinse le antiche dee a unirsi alla nuova vita della città, assegnando loro un posto d'onore, perché si interrompesse la tragica catena del male e la loro autorevolezza fosse volta alla costruzione di un futuro di pace.

Ringraziamo per le loro preziose osservazioni – oltre a Danila Aprea e Alessandro Baro – Sabino Cassese, Maria Carla Cazzaniga, Tomaso Epidendio, Anna Frigerio, Alberto Savorana, Gaetano Silvestri, Joseph Weiler, che hanno avuto la generosità e la pazienza di leggere le versioni precedenti di questi testi.

Salvo ove diversamente indicato, per i passi citati, si è utilizzata nell'intero testo la traduzione italiana di Raffaele Cantarella dell'edizione Sofocle, *Edipo Re Edipo a Colono Antigone*, a cura di D. Del Corno, Milano, Mondadori, 2012.

Marta Cartabia

Edipo Re

La complessità di Edipo

L'*Antigone* di Sofocle è un testo familiare ai giuristi: il tema che si pone al centro della tragedia è quello del conflitto tra la legge positiva vigente e i comandi derivanti da leggi non scritte, siano esse morali, naturali o religiose. *Topos* di ogni tempo della riflessione giuridica, esso è riemerso in tutta la sua drammaticità dopo la Seconda guerra mondiale, quando il positivismo giuridico ha mostrato il suo limite a fronte del paradossale proliferare delle leggi ingiuste [Radbruch 1946]. Con *Antigone*, Sofocle ha forgiato l'alfabeto con il quale si sarebbe scritto, in tutte le lingue e in tutte le epoche, il conflitto tra coscienza individuale e ragion di stato [Steiner 1990, 260] o, se si vuole, tra la legge morale e la legge positiva o tra la legge ancestrale dei legami familiari e la legge della città [Zagrebelsky 2008, 65-66].

Edipo Re è meno frequentato dai giuristi. L'immaginario collettivo è dominato dall'interpretazione psicoanalitica che della tragedia di Sofocle è offerta anzitutto da Freud, fonte di numerosi dibattiti e contrastanti teorie intorno al «complesso di Edipo». Gli spunti giuridici, pur imponenti, hanno ricevuto minor eco. Il grande eroe tragico è noto ai più solo per l'assassinio del padre e la sua relazione incestuosa con la madre. Rimangono nell'ombra, invece, molte circostanze della vicenda narrata da Sofocle, il ruolo chiave di alcuni personaggi secondari, l'intervento degli dei, le responsabilità del protagonista e i suoi errori, le finalità del suo agire, la sua statura come uomo di governo, re di Tebe, il tema della vista e della cecità, l'enigma e gli oracoli; mentre nota per lo più ai soli cultori degli studi classici è la seconda parte della sua epopea, consegnataci nell'*Edipo a Colono*, dominata dal motivo tematico della vecchiaia, da un nostalgico pellegrinaggio meditativo in cui si allineano sulla scena tutti i personaggi più strazianti della tragedia sofoclea – Edipo, Antigone, Creonte, Ismene, Polinice – in una vicenda che alterna momenti di altissima tensione tragica a pause di struggente commozione e pacificata serenità.

Eppure, agli occhi del giurista la tragedia di Edipo offre numerosi motivi di riflessione. Vorrei qui raccoglierne alcuni, ben consapevole che confrontarsi con un testo classico significa scavare dentro una miniera inesauribile.

Il primo ordine di riflessioni riguarda il tema dell'imputabilità del protagonista per il duplice delitto: l'assassinio del padre e l'incesto con la madre, con la conseguente rovina della città di Tebe, in quanto uomo di governo.

Il secondo tema è quello del rapporto tra verità e giustizia, dove emerge la dinamica della conoscenza che mira a perseguire il giusto, attraverso il complesso gioco dei punti di vista, delle cecità, degli enigmi, delle reticenze e dei timori dei diversi protagonisti.

La materia della tragedia greca è il pensiero politico e giuridico proprio della città, all'epoca in pieno travaglio di elaborazione [Vernant e Vidal-Naquet 1976, 5], sicché le tematiche giuridiche che essa prospetta hanno sempre un connotato problematico. Così, se l'*Antigone* pone il tema della complessità del diritto, l'*Edipo Re* introduce essenzialmente il tema dell'eccedenza intrinseca della esigenza di giustizia.

Entrambe le tematiche sono accomunate dalla tensione tra imperfezione della legge ed eccessi nella sua applicazione che l'oblio dei suoi limiti intrinseci può provocare.

Errori senza colpa: la «svista» di Edipo

Il primo elemento che colpisce nella tragedia di Edipo è che il duplice, gravissimo, ripugnante delitto che egli commette non deriva da una sua malvagità, immoralità o colpa. Non c'è traccia di colpevolezza nel suo agire, perché non c'è consapevolezza della reale portata delle sue azioni. Eppure egli semina male e distruzione, non solo a livello privato, nella sua famiglia, ma contamina e trascina in rovina tutta la città di Tebe che egli stesso aveva liberato risolvendo l'enigma della Sfinge.

Vero è che una macchia, nel mito dei Labdacidi, si trasmette di generazione in generazione. Anche Laio, suo padre biologico, pur essendo detto giusto nell'*Edipo Re*, ha commesso dei reati nel suo passato. Dopo tutto, è il padre Laio che tenta di uccidere il figlio, prima ancora che quest'ultimo commetta il parricidio. Ma nella tragedia di Sofocle non c'è traccia di questa catena di male e di colpe.

Edipo non è uomo licenzioso; non è uomo corrotto, non è uomo schiavo delle sue passioni, della brama di potere; non è ritratto come governante avido di ricchezza e di gloria. Scritta e rappresentata nell'epoca della fioritura democratica, la tragedia di *Edipo Re* rappresenta il protagonista come re carismatico, amato dal suo popolo, signore della città, ardente, paterno verso i sudditi. È un uomo generoso che vuole agire per il bene comune, per il bene di Corinto, per l'amore ai suoi genitori, per il bene di Tebe, che ha governato con saggezza e senza macchia. Esegue gli ordini che egli stesso ha disposto nel suo editto con rigore e rettitudine.

Edipo non è l'antesignano del politico corrotto, egoista, dispotico, attaccato al potere, che piega la gestione della cosa pubblica ai propri scopi personali. È un uomo ispirato da nobili intendimenti, valoroso, saggio e acuto, tanto che, arrivato a Tebe, risolve gli enigmi della Sfinge e libera la città dalla sua maledizione.

Edipo è un eroe.

Ma è un eroe tragico che semina male e distruzione, nonostante tutto.

Uccide il padre. Ha un rapporto incestuoso con la madre. Acceca se stesso, condannandosi all'esilio. Provoca il suicidio di sua madre e sposa, Giocasta. Le figlie Antigone e Ismene patiranno molti mali e i figli Eteocle e Polinice si consumeranno in una lotta fratricida. Neppure si comprende, alla fine, se il suo esilio sortisce l'effetto sperato di liberare Tebe dalla pestilenza. Il destino di Tebe resta nell'ombra: non è chiaro se l'espiazione del suo delitto sia capace di salvare la *res publica*.

Edipo è una figura intrinsecamente contraddittoria, ossimorica. Per certi aspetti è il peccatore, o meglio, l'empio più celebre dell'antichità. Uccidere il proprio padre, sposare la propria madre: d'un sol colpo raggiunge il vertice dell'esecrabile. Eppure è innocente. In fondo, egli è preda di una fatalità per cui sfuggire al destino è per lui impossibile. In *Edipo a Colono*, egli affermerà a chiare lettere: «Uccisi. Ma la cosa [...] ha per me qualche giustificazione. [...] Sono puro di fronte alla legge: ignaro giunsi a tanto» (vv. 545-550).

Il male che egli compie è gravissimo, tanto da ripercuotersi sul bene comune – la peste che ammorba la città – ma paradossalmente deriva proprio dal tentativo di mantenersi puro, dall'adoperarsi per essere giusto, dal tentativo di evitare che si compia quanto vaticinato dall'oracolo di Apollo. Qualunque azione egli compia, Edipo non fa che accelerare il compiersi del fato predetto.

Dapprima, come valoroso cittadino: si allontana da Corinto, autoesiliandosi per non incorrere nel grave duplice peccato che gli era stato vaticinato. È la sua volontà integra che non vuole cedere al male a spingerlo su quella strada che lo porterà a compiere l'azione da cui fuggiva.

Poi, e ancor più, come re di Tebe: per salvare la città dalla pestilenza usa tutto il suo potere, politico e giuridico, per assicurare piena osservanza al comando divino che gli ordina di espungere dalla città colui che si rivelerà il parricida che giace con sua madre.

Il tragico in Edipo si situa nel contrasto irrisolto tra l'azione volontariamente deliberata in vista di un fine e le forze che impediscono il suo il raggiungimento. Nella tragedia «all'uomo – sia pure il più dotato e determinato, e per quanto siano giusti e validi i suoi motivi e preponderanti le sue forze – non è dato prevalere in ogni caso e con assoluta certezza sul corso degli eventi», soprattutto perché, come nel caso di Edipo, «non è possibile escludere che un'azione intesa a un fine si riveli, una volta realizzata – sia pure nel modo più congruente alle intenzioni originarie – foriera di esiti affatto opposti a quelli progettati» [Del Corno 2012, 15]. Con Edipo, Sofocle mette in scena il mistero dell'insuccesso, della rovina, della condanna non motivata da colpa, ma come condizione inevitabile dell'agire e del vivere umano.

L'errore di Edipo non ha natura morale. Edipo è paradossalmente «colpevole agli occhi degli dei, poiché il suo delitto è un'impurità che contamina tutta la città di Tebe, dove infuria la peste, castigo del cielo; ma è nello stesso tempo innocente e ha l'impressione di essere ingiustamente colpito» [Moeller 2008, 31-32], poiché è preda di una fatalità implacabile, sicché sfuggire al destino è per lui impossibile. Egli sconterà l'errore a cui è stato forzato dal volere degli dei. Edipo è «l'uomo innocente colpito dalla fatalità» [*ibidem*, 129]. Per questo, il caso di Edipo tocca il colmo della tragicità: proprio nel fare il bene Edipo è perduto.

Come ogni azione tragica, anche quella di Edipo è sostenuta da una duplice spinta: da una parte l'*ethos*, il carattere, le disposizioni personali del soggetto; dall'altra il *daimon*, la potenza divina che muove l'uomo dall'esterno [Ost 2007, 140-141]. Nella lettura di Charles Moeller, Edipo esprime emblematicamente un connotato della cultura greca: Atene aveva un così profondo senso della bellezza e della grandezza dell'uomo da descrivere il male, che pure affliggeva la vita sociale, come frutto di un traviamento, una follia, un fatale accecamento, irrazionale e inspiegabile se non con l'intervento degli dei o della fatalità. In Edipo, l'immagine dell'uomo e della sua bellezza è salva: la responsabilità del male che compie ricade su un destino ineluttabile: nella tragedia sono «gli dei i fautori dei delitti» [Moeller 2008, 45 *passim*].

A fronte della «constatazione della fondamentale problematicità e conflittualità del reale, e del suo carattere ambiguo, quando non contraddittorio», l'uomo greco «riuscì ad oggettivare il mistero dell'insuccesso, della rovina, della condanna che non appaiono motivati da un errore o da una colpa, riconoscendo in questo arcano una condizione inevitabile non più soltanto dell'agire, bensì dello stesso vivere umano» [Del Corno 2012, 15].

Dunque non c'è cattiva volontà in Edipo; ma davvero non c'è responsabilità e neppure errore?

A ben vedere, egli commette un duplice atto di «superbia», al cospetto dell'oracolo. Anzitutto, la sua impetuosità lo porta a credere di sapere, a credere di capire il contenuto del vaticinio di Apollo; ma non si accorge di non avere l'informazione decisiva: quella sulla vera identità dei suoi genitori:

> all'interrogazione di Edipo: «Polibo e Merope sono i miei genitori?» Apollo non risponde. Fa soltanto una predizione: andrai a letto con tua madre, ucciderai tuo padre, e questa predizione, nel suo orrore, lascia aperta la questione postagli. È dunque Edipo a commettere lo sbaglio di non preoccuparsi del silenzio del dio e di interpretare la sua parola come se desse risposta al problema della sua origine [Vernant e Vidal-Naquet 1976, 81].

Inoltre, inorridito da quanto sentito dall'oracolo, egli crede di poter contrastare il volere degli dei, di controllare il suo destino, di neutralizzare l'infausta predizione con la sua prontezza al sacrificio, esiliandosi.

È un peccato di *hybris* quello di cui si macchia Edipo. Una *hybris* che gli impedisce di vedere, di cogliere tutti gli elementi della situazione e, perciò, lo induce ad errare.

> Questo errore di Edipo dipende da due tratti del suo carattere: troppo sicuro di sé, troppo fiducioso nella sua *gnome* (sapienza), nel suo giudizio, non incline a mettere in dubbio la sua interpretazione dei fatti; di indole orgogliosa, si ritiene ovunque e sempre il maestro, il primo. [...] Edipo si definisce, con altera sicurezza: colui che decifra gli enigmi [*ibidem*].

In lui si ravvisa quell'oblio della condizione umana che spinge l'uomo a oltrepassare i limiti, per un eccesso di forza, di giovinezza, di fiducia in se stesso, di grandezza. Spinto dall'impeto di liberarsi dalla propria infausta sorte, Edipo è traviato dall'orgoglio e l'errore graverà con tutto il suo peso sulla sua caduta.

Nella tragedia, è soprattutto nel secondo stasimo che emerge la *hybris* di Edipo. Il coro gliela rimprovera apertamente, a iniziare dal celeberrimo verso 872, «La *hybris* genera tiranni»:

> La dismisura genera i tiranni: la dismisura,
> se di molte cose si è riempita follemente,
> non opportune e non convenienti,
> salita su eccelsi dirupi,
> subito precipita nell'abisso di necessità,
> dove non ha saldo il piede.
> [...]

> Ma se taluno in atti o discorsi
> superbamente procede,
> senza temere Dike e non rispettando
> le sedi degli dèi,
> mala sorte lo colga
> per il suo sciagurato orgoglio,
> se ingiustamente cercherà guadagno
> e da sacrileghi atti non si asterrà,
> o follemente toccherà ciò che è intangibile
> (vv. 872-891).

Edipo, che è un re grande, e non un tiranno nel senso moderno della parola e neppure nel senso dell'esperienza politica della Grecia del VII e VI secolo a.C., lo diventa oggettivamente per il fatto di non accettare la limitatezza, la finitezza della sua condizione umana.

Questo secondo stasimo è una sorta di parabasi tragica – equivalente alla parabasi comica – in cui l'autore introduce il suo pensiero politico [Tonelli 2004, 57]: Sofocle, che scrive nel periodo dell'apogeo della democrazia ateniese, intende ammonire i suoi concittadini contro i rischi di degenerazione della stessa che già in quell'epoca si intravedono. Anche un regime politico giusto o, se si vuole, una forma di governo retta, può sempre corrompersi, per usare una classica distinzione di Aristotele il quale contrappone le forme di governo rette a quelle corrotte e annovera, come noto, la democrazia fra le seconde, con un favore assegnato alla *politeia*, emblematico esempio di governo misto. Questa possibile involuzione della democrazia può dipendere non solo da un sovvertimento dall'esterno, ma dai vizi intriseci che essa stessa cova in sé. La tirannide può annidarsi negli eccessi della democrazia e non solo nei suoi difetti o negli attacchi contro di essa: «se la democrazia è un limite al potere, essa è sua volta limitata» [Cassese 2017, 3]. L'ammonizione è nei confronti della «città-tiranno», non semplicemente nei confronti della «città del tiranno»: tiranno, qui, è metafora della cattiva democrazia ovvero dell'impossibilità, per la democrazia ateniese, di essere sempre buona. In definitiva, la democrazia può essere minacciata dalla superbia, dalla *hybris* dei suoi governanti: la tirannide, vera nemica della democrazia, può ripresentarsi in forme diverse da quelle realizzate storicamente da Pisistrato, Dionisio, Policrate, anche quando quest'ultima è all'apice del suo splendore. È quanto sembra affermare Christian Meier nella sua storia di Atene:

> L'organizzazione democratica di una comunità non è di per sé garanzia di una politica ragionevole. [...] Proprio quando si ha alle spalle una storia decennale di successi, si tende spesso a ignorare i segni che mostrano l'opportunità di un cambiamento di direzione [...] e ognuno, in

unione con tutti gli altri, presume solitamente di sé più del dovuto contro ogni ragionevolezza [Meier 1996, 505 e 507].

Il declino di alcune democrazie liberali anche di antica tradizione in corso in questa seconda decade del XXI secolo non fa che confermare la persistente attualità dei classici del pensiero, sì da far affermare a un acuto osservatore delle istituzioni contemporanee: «La tentazione dell'illimitata democrazia corre il rischio di corrompere la stessa democrazia. Il "fondamentalismo democratico" e le smisurate ambizioni democratiche rischiano di favorire la tirannia di piccoli gruppi, oppure di favorire decisioni popolari ma dannose» [Cassese 2017, 55].

Edipo: legislatore, inquisitore, giudice

Ciò che vale nel suo agire in generale, vale a maggior ragione nel momento in cui Edipo agisce come uomo incaricato di amministrare la giustizia per il bene della città. L'assetto istituzionale che traspare in filigrana è quello di una concentrazione di tutti i poteri in capo a una sola persona: Edipo è molto più che giudice. Egli detta la legge – quando emana l'editto – indaga, giudica, esegue la sentenza. La cornice istituzionale non distingue funzioni diverse, ma certamente il teatro giudiziario domina la scena. La tragedia di *Edipo Re*, si è notato, ha la forma dell'inchiesta giudiziaria [Stella 2010, 9].

Su questo sfondo, Sofocle ritrae Edipo indomito investigatore, inflessibile persecutore del colpevole, scrupoloso esecutore della richiesta degli dei per il bene della città. Soffermiamoci su qualche passaggio in cui si vede come il re Edipo usa con scrupolo e zelo tutto il suo potere politico e giuridico per salvare la città di Tebe: identificare l'assassino di Laio ed espungerlo dalla città.

Edipo è determinato a sapere tutto ciò che c'è da sapere al fine di condurre a buon fine l'indagine. Il tono dell'editto che egli emana appena conosciuta la richiesta di Apollo per liberare la città di Tebe dalla pestilenza è durissimo:

> Chiunque di voi conosce l'uomo che uccise Laio, figlio di Labdaco, io ordino che mi riveli ogni cosa; e se ha qualche timore, si liberi lui stesso da questa imputazione; non soffrirà nessun altro danno, se ne andrà soltanto, illeso, dal paese. E se uno sa che l'uccisore è un altro, o di un altro paese, non taccia: io gliene darò ricompensa, aggiungendo gratitudine. Ma se tacerete, e qualcuno, temendo o per una persona cara o per se stesso, respingerà quest'invito, sappia da me che cosa farò in tal caso. Proibisco che a quest'uomo, chiunque egli sia, da alcun cittadino di questa terra, di cui io posseggo il dominio e il trono, sia data acco-

glienza e sia rivolta parola, né che sia partecipe di preghiere e di sacrifici agli dei, né che riceva acqua lustrale; ma ordino che tutti lo respingano dalle loro case, in quanto causa per noi di contaminazione, come l'oracolo divino di Pito mi ha testé rivelato. In questa maniera io mi faccio alleato del dio e del morto; e auguro al colpevole, rimasto ignoto sia che avesse agito da solo oppure con altri, di consumare miserabilmente una vita misera e infelice; e mi voto inoltre, se consapevole io lo accogliessi al focolare della mia casa, a soffrire io stesso ciò che ora ho imprecato (vv. 222-245).

Il proclama di Edipo ha tonalità inflessibili: senz'appello. L'editto di Edipo copre tutte le possibili fattispecie, rivolgendosi con diverse pene a tutti i possibili attori, senza sapere che questa pluralità di attori confluisce interamente nella sua persona. Edipo, allo stesso tempo tebano e straniero, è l'assassino, il complice e colui che cela l'assassino. E non sa di esserlo; così come non sa di essere, in questa indagine, inquisitore, teste, imputato e giudice.

Quando si scopre l'esistenza di un testimone oculare – un servo di Laio a cui fu affidato il figlio, perché fosse abbandonato sul monte Citerone, e che ora vive da pastore ai margini della città – l'interrogatorio si fa incalzante e minaccioso ed Edipo è pronto a usare la forza, la tortura per estorcergli la verità:

Edipo – Se non vuoi parlare per favore,
parlerai con tuo danno.
Servo – No, per gli dei, non maltrattarmi;
sono vecchio.
Edipo – Presto, torcetegli le mani dietro
la schiena
(vv. 1152-1154).

Edipo esprime un anelito al giusto che lo porta a essere latore ed esecutore di una giustizia integra, inflessibile, implacabile, intransigente. Il suo atteggiamento emerge in modo più netto se raffrontato a quello del Creonte dell'*Edipo Re*, uomo pragmatico, incline al compromesso, che tende a rifiutare il trono, perché si accontenta del potere che egli esercita all'ombra del cognato.

L'esito è tragico.

La moglie e madre Giocasta si impicca nella sua stanza. A quella vista e realizzando di essere egli stesso quel colpevole che, come re e giudice, sta perseguendo, Edipo non esita ad applicare a se stesso la dura condanna minacciata nell'editto da lui stesso proclamato. Anzi, egli è ancor più severo con se stesso: prima di autoesiliarsi, si toglierà la vista, in un gesto che sintetizza tutta la tragica ironia della sua condizione. E si ostende – in tale miserabile, inguardabile stato – davanti a tutta la città (*Edipo Re*, vv. 1236-1285).

Il coro lo rimprovera: era meglio morire che vivere cieco. Dei due atti che Creonte riferisce come espedienti richiesti dal dio per far cessare il miasma – l'esilio o l'uccisione per l'uccisione – Edipo sceglie il primo. Guardandolo con occhi moderni sembrerebbe la pena minore: ma possiamo veramente sostenere una tale affermazione? Invero, il re ha voluto infliggersi un dolore più grande della morte: «Io non so con quali occhi, vedendo, avrei guardato mio padre, una volta disceso nell'Ade, o la misera madre: verso entrambi ho commesso atti, per cui non sarebbe bastato impiccarmi» (vv. 1369-1374).

E la vergogna di sé è la pena più grande: «O forse potevo desiderare la vista dei figli, nati come nacquero? No davvero, mai, per i miei occhi; e neppure la città, né le mura, né le sacre immagini degli dei» (vv. 1375-1376).

Qui l'*Edipo Re* ci porta sulla soglia del paradosso con cui ogni giurista è chiamato a misurarsi. Il mondo, l'uomo, la vita sociale chiedono giustizia: una giustizia affidabile, eguale, rigorosa, certa. Eppure, la giustizia amministrata in modo intransigente, senza ma e senza se, innesca un circolo di male, trasmoda in violenza, negando così se stessa.

I mali della giustizia su cui ci induce a riflettere l'*Edipo Re* non sono tanto e soltanto quelli causati dalla fallibilità di chi l'amministra, che può condurre agli errori giudiziari; neppure solo quelli dovuti al cattivo uso del potere da parte del giudice fazioso, corrotto, partigiano. Edipo, anche quando è ritratto nelle vesti di giudice e inquirente, non agisce in modo riprovevole sul piano morale: non c'è colpa, non c'è faziosità nel suo indagare e nel suo giudicare. Tutto al contrario: c'è determinazione e fermezza. Eppure la sua sentenza genera violenza e distruzione.

La tragedia mette così in scena il limite intrinseco e ontologico dell'azione umana per cui l'inflessibile rigore nel perseguire il giusto e nello sradicare il male, anziché ripristinare ordine e prosperità, può essere inizio di nuove e più grandi sventure.

La giustizia e le ingiustizie, oggi

L'attualità, in ogni tempo, di queste considerazioni appare evidente.

Il bruciante bisogno di giustizia anche oggi invoca punizioni severe: «Vogliamo giustizia»; «Che sia fatta giustizia»; «È stata fatta giustizia»; «Promettiamo giustizia».

Ma cosa significa «fare giustizia» o «ottenere giustizia» per chi ha sofferto una grave perdita umana, materiale o affettiva? Trovare il responsabile, punire il colpevole, certo. È sufficiente? E quando la perdita non accade per mano d'uomo? Un lutto, una catastrofe: non destano anch'essi, forse, in modo altrettanto se non più bruciante il senso dell'ingiustizia subita, segnalata, spesso, dalla ricerca di un perché che sgorga dalle profondità dell'uomo che grida: «Non è giusto»? L'aspirazione alla giustizia che nasce dall'esperienza dell'ingiustizia e dal dolore che ne deriva è così pressante e struggente da spingere l'uomo alla febbrile ricerca di un responsabile, anche di fronte a certe brutali manifestazioni della natura, quasi che le inesauribili esigenze del cuore dell'uomo possano essere appagate dall'individuazione di un capro espiatorio.

La giustizia amministrata nei tribunali, per quanto evoluta, non può saziare il bisogno a cui intende rispondere, neppure nelle forme praticate nelle democrazie liberali contemporanee, esito del lungo cammino di civiltà, che ci ha consegnato alcuni principi cardine, fondamentali, di cui non vorremmo per nessun motivo essere privati.

La civiltà della Grecia antica, in cui affonda le sue radici la nostra cultura occidentale, testimonia il passaggio epocale da un'idea primitiva di giustizia – preda della pulsione vendicativa del cuore umano – a una forma razionalizzata del giudicare attraverso l'instaurazione di un soggetto terzo e imparziale, chiamato a dirimere le controversie. Come si è detto in apertura, la terza tragedia dell'*Orestea* di Eschilo segna culturalmente la fine delle antiche Erinni, lugubri dee ctonie della vendetta, e la nascita delle più miti Eumenidi, grazie all'intervento della dea della ragione, Atena, che con l'instaurazione del tribunale dell'Areopago ad Atene interviene a spezzare la catena di sangue e la persecuzione delle tre sorelle alate: la primitiva concezione della giustizia basata sull'idea di vendicare il torto subito appartiene a una storia lontana.

Oggi, i testi delle nostre costituzioni contemporanee, a partire da quella italiana, e di numerosi documenti internazionali prevedono una serie di principi che corredano l'amministrazione della giustizia di una ricca serie di garanzie, specie in ambito penale: principi che garantiscono l'accesso a un giudice per la risoluzione delle controversie, principi sull'indipendenza e sull'imparzialità dei giudici, la presunzione di non colpevolezza dell'imputato, *in dubio pro reo*, regole processuali per l'assunzione delle prove e per l'argomentazione nel rispetto del principio del contraddittorio, *audiatur et altera pars*, il principio di legalità e di proporzionalità delle pene, il principio del doppio grado di giudizio, le corti a tutela dei diritti della persona e molto altro ancora.

Eppure la giustizia, pur quando amministrata in modo impeccabile – tempestivamente, accuratamente, ragionevolmente – continua a lasciare un che di incompiuto, un senso di insoddisfazione, una lacerazione non del tutto rimarginata. I conti non tornano mai, né per le vittime né per i colpevoli [Mazzucato 2015, 258-266].

Il punto più problematico è che, come osserva Paul Ricoeur, «anche le operazioni più civilizzate della giustizia, in particolare nella sfera penale, mantengono ancora il segno visibile di quella violenza originale che è la vendetta» [Ricoeur 1998, 163].

Le Eumenidi non soppiantano del tutto le Erinni: le superano di un superamento – *Aufhebung* – che conserva senza liquidare [Ost 2007, 122 e 131], tanto che alla fine Atena riserva alle antiche dee un posto in città; non le esilia, non le espunge: è interessante osservare come, nella «trasformazione» di queste divinità spaventose narrata da Eschilo, Atena, la dea della ragione, nata dal cervello di Zeus, le persuada a riorientare alla benedizione della città quelle energie malevole normalmente dedicate alla vendetta e alla distruzione, attraverso un percorso che le include nella *polis*.

Anche nelle civiltà contemporanee la giustizia è una espressione di forza. Certo, si tratta dell'espressione di una forza necessaria per fini alti, costituzionalmente rilevanti, necessari nella convivenza sociale, volta allo scopo di garantire sicurezza e ordine, di prevenire il crimine e di sanzionare la responsabilità di chi si è reso colpevole.

Per realizzarsi, la legge – che è sempre al crocevia tra giustizia e forza, tra diritto e potere [Zagrebelsky 2008, 21 ss.] – paradossalmente «prende qualcosa in prestito dalla violenza che intende combattere», come osserva François Ost [2007, 88].

È a partire da questo paradosso che torna a porsi, imperiosamente, l'esigenza di una sempre nuova riflessione sulla giustizia.

La storia ci offre non pochi esempi di gravi ingiustizie nate dall'affermazione caparbia di una giustizia umana senza limite, inconsapevole della propria intrinseca finitezza: o meglio, inconsapevole della strutturale eccedenza dell'esigenza di giustizia rispetto alle possibilità di realizzazione umane. Da una tale *hybris* sgorga una modalità di azione priva del senso del limite, assoluta, onnipotente, senza qualificazioni.

Federico Stella lo documenta magistralmente nel suo libro su *La giustizia e le ingiustizie* [2006, 44 ss.]. La sua disamina muove dalle grandi ingiustizie compiute in nome di Dio: il suo riferimento è anzitutto alla lunga storia dell'Inquisizione e della caccia alle streghe, del «Dio che impicca, arrota, decapita, strangola e afferra» in ambito sia cattolico sia protestante; ma anche del Dio del jihad, dei kamikaze, del terrore, della distruzione, degli attacchi alle Torri gemelle, alle metropolitane, alle stazioni, alle sale da spettacolo, ai lungomare, ai ponti, alle *agorà*, insomma, così aggredite, della società contemporanea. Anche l'olocausto e i campi di sterminio, osserva, sono stati giustificati al dichiarato scopo di realizzare una società più giusta, espungendo dalla società l'origine di tutti i mali, identificata negli ebrei. Non diversa la giustificazione delle deportazioni, dei massacri e delle stragi dei regimi comunisti, dentro e fuori l'Unione Sovietica, rivolti contro «i nemici del popolo» e contro tutti coloro che, ostacolando la rivoluzione, erano considerati «esseri superflui».

Anche in epoca recente e dentro le mura domestiche, la storia offre immagini di distruzione scaturita da una ideologia della lotta contro l'ingiustizia a tutti i costi, sprezzante dell'altro e della realtà: così, negli anni '70 e '80, la violenza era per lo più praticata per colpire e sovvertire una società percepita come ingiusta e per distruggerne i simboli e le persone avvertiti come più rappresentativi. A questo scopo, non di rado, si ricorreva ai riti e ai simboli della pratica giudiziaria, come emblematicamente è accaduto con l'istituzione del «tribunale del popolo» del caso Moro. Nelle parole di alcuni protagonisti dell'epoca, leggiamo:

> Ero convinto di combattere la guerra che avrebbe annullato tutte le altre guerre. [...] L'errore è pensare di essere tu il portatore del futuro luminoso, dell'alba che deve arrivare. Gli

> altri, chi ti blocca il passo, chi è contro di te, diventa tuo nemico perché è nemico di questo futuro radioso che tu vuoi rappresentare [Bertagna, Ceretti e Mazzucato 2015, 108 e 114].

Ancora una volta, gli antichi brocardi hanno sintetizzato in modo icastico e insuperabile questo eterno paradosso dell'uomo in cerca di ordinamenti perfetti: *summum ius, summa iniuria; fiat iustitia et pereat mundus*. Ogni epoca ha la sua espressione: sia essa l'inflizione di pene estreme e irreversibili contro i criminali più efferati; sia essa una modalità di indagine accanita e senza esclusione di colpi nel contrastare reati che destano particolare allarme sociale – corruzione, traffico di stupefacenti e altre forme di criminalità organizzata; sia essa legata all'affermazione dei diritti individuali assoluti. Nel perseguire una finalità indiscutibilmente legittima e socialmente necessaria, l'esercizio della giustizia può eccedere cedendo a forme estreme.

La tragedia di Edipo mette in scena gli effetti del peccato di *hybris*, a cui perennemente è esposto l'uomo, tanto più è valoroso, forte, integro e tanto più agisce per un fine alto e nobile. L'uomo di diritto, animato da un forte senso del giusto e dell'ingiusto, lo è sommamente.

Del resto, che in Edipo anche l'atto punitivo dell'accecamento finale sia stato caratterizzato dalla dismisura è riconosciuto dallo stesso protagonista nel dialogo con Antigone, nell'*Edipo a Colono*:

> Quel giorno, quando il mio cuore ribolliva, e la cosa più dolce per me era morire lapidato, nessuno apparve a soddisfare questo mio desiderio. Soltanto più tardi, quando tutto il dolore fu mitigato e compresi che la mia ira aveva ecceduto nel punire le colpe passate, proprio allora, dopo molto tempo, la città mi scacciò da quella terra (vv. 434 ss.).

Elogio dell'«imperfezione»

Di qui la necessità di una giustizia, ragionevole, proporzionata e prudente. Meglio: «imperfetta», perché consapevole che la giustizia nelle vicende umane è una meta sempre da raggiungere. Imperfetta come una figura geometrica ferita da una breccia: la *Sfera con sfera* di Giò Pomodoro – dove la fenditura della sfera più esterna ne lascia affiorare un'altra che già si affaccia alla vista – o l'*Elogio dell'orizzonte* di Eduardo Chillida, dove l'apertura all'orizzonte infinito trasforma la perfezione di una figura circolare, chiusa in se stessa, in un abbraccio che a un tempo accoglie e sospinge fuori da sé. Imperfetta di quella imperfezione che non deriva da incuria, trascuratezza, mancanza intenzionale, faziosità o addirittura da disonestà, quanto piuttosto dalla consapevolezza dell'intrinseca incapacità dell'uomo di raggiungere la pienezza e il compimento delle sue aspirazioni. Imperfetta di quella imperfezione che non è debolezza, ma piuttosto espressione di un'ultima modestia che si apre a qualcosa d'altro da sé e in questa faglia trova tutta la sua forza.

«Non voler essere troppo giusto» dice il Qoelet (7, 16). A questo proposito, sant'Agostino osserva:

> «Non esiste un giusto sulla terra che compia il bene, senza peccare» [Qo 7, 1]. [...] E anche in quel passo ispirato che dice: «Non voler essere troppo giusto» [Qo 7, 16], non viene biasimata la giustizia del sapiente, ma la superbia del presuntuoso. Chi infatti si fa troppo giusto, perciò stesso diventa ingiusto (sant'Agostino, *Commento al Vangelo di Giovanni*, 95, 2).

Questo giudizio trova un'imprevista consonanza con il rimprovero che Creonte rivolge a Edipo al culmine dell'azione tragica, con il sovrano già vedovo e orfano: «Non volere che tutto sia in tuo potere» (v. 1522).

Giustizia imperfetta è quella capace di tenere nell'orizzonte la consapevolezza di questa ferita intrinseca e non rimarginabile, questa apertura incompiuta, che lungi dall'offuscarne il valore, ne ridetermina la forma, la fisionomia, la riconfigura, la plasma, la rimodula in un processo inesauribile. La giustizia come aspirazione inestinguibile innesca allora un cammino, apre un processo, un movimento, un dinamismo, una evoluzione. Ed è rivolta al futuro: alle ulteriori vie da percorrere.

La pratica odierna del diritto, e in particolare del diritto costituzionale, conosce alcuni principi che riflettono una concezione «imperfetta», cioè aperta, flessibile, «mite» [Zagrebelsky 1992], disponibile a sacrificare l'integrità *more geometrico* delle regole, per affidarsi alla duttilità dei principi: primi fra tutti il principio di ragionevolezza delle leggi e il principio di proporzionalità [Barak 2012]. È grazie ad essi che si è gradualmente mitigata la rigidità delle regole e dei comandi legislativi generali e astratti per tenere in considerazione le esigenze dei particolari casi della vita. Ed è grazie ad essi che viene modulandosi una forma di tutela dei diritti fondamentali che pone al centro la persona in tutta la sua storicità, l'*homme situé* in luogo dell'individuo astratto dell'epoca liberale.

Da secoli, l'aspirazione alla realizzazione di una società sempre più giusta si è espressa, attraverso la valorizzazione dei diritti individuali. Il costituzionalismo della *fin de siècle* è stato segnato dal trionfo dei diritti [Rodotà 2013]. Tuttavia, alla prova dei fatti, l'enfasi sui diritti individuali ha prodotto effetti paradossali: l'assolutizzazione dei singoli diritti si riverbera negativamente su altri diritti, interessi o beni costituzionali, determinando un complessivo bilancio in perdita. Sicché si è reso evidente che i diritti richiedono sempre di essere limitati, contemperati l'uno con l'altro e assoggettati al principio di proporzionalità, giacché altrimenti diverrebbero «tiranni», come ebbe a dire la Corte costituzionale nella sentenza n. 85 del 2013: la tutela dei diritti fondamentali

> deve essere sempre «sistemica e non frazionata in una serie di norme non coordinate e in potenziale conflitto tra loro» [...]. Se così non fosse, si verificherebbe l'illimitata espansione di uno dei diritti, che diverrebbe «tiranno» nei confronti delle altre situazioni giuridiche costituzionalmente riconosciute e protette, che costituiscono, nel loro insieme, espressione della dignità della persona.

La giurisprudenza costituzionale è disseminata di controversie che mostrano la necessità di contemperare esigenze contrapposte, in un bilanciamento ragionevole, capace di abbracciare esigenze egualmente meritevoli di tutela, grazie al reciproco, parziale sacrificio delle stesse.

I diritti individuali sono beni preziosi da porre a fondamento della convivenza civile, come il costituzionalismo del secondo dopoguerra ha insegnato alla storia. Ma la loro tutela deve fare i conti con la loro strutturale imperfezione, a pena della negazione e dell'annientamento di se stessi. La cultura dei diritti a tutti i costi, che ha dominato prima il continente americano e poi quello europeo nella seconda metà del XX secolo, oggi incontra severe critiche [Glendon 1991]. E giustamente: si tratta di critiche volte non a mettere in discussione il valore inestimabile dei diritti individuali, ma a biasimarne gli eccessi.

Come accennato, l'alleato più potente per ogni giudice nell'opera di moderazione e ponderazione degli interessi e dei diritti contrapposti è il principio di ragionevolezza e il suo corollario che è il principio di proporzionalità. È attraverso il prisma della ragionevolezza che il giudice dilata i canoni logico-razionali, per accostarsi a una conoscenza aperta a tutte le componenti della realtà. Ragionevolezza e proporzionalità contengono un invito al giudice a spalancare la ragione sulla realtà regolata dal diritto, tanto sulle esigenze del caso, quanto sugli effetti generali della decisione, liberandosi dalle limitazioni della ragione astratta ed euclidea. Come è stato efficacemente detto con parole pertinenti anche all'universo giuridico, il ragionevole è sottomettere la ragione all'esperienza [Guitton 1986, 71].

Decisive, dunque, per il giudice non sono solo quelle virtù morali di imparzialità e indipendenza sottolineate dal costituzionalismo nelle riflessioni sul potere giudiziario, ma anche quelle virtù intellettuali che lo dotano di un sapere adeguato alla situazione da dirimere.

L'immagine più nota del giudice giusto – la biblica figura di re Salomone – è anzitutto quella di un giudice saggio che comprende più a fondo degli altri e con acutezza sorprendente fa emergere aspetti del reale che consentono a chi ascolta di decifrare l'enigma giudiziario che ha davanti a sé. Nell'episodio biblico, la contesa era tra due donne, madri di due bambini nati a pochi giorni di distanza l'uno dall'altro, che vivevano nella stessa casa. Una notte accadde che uno dei due bambini morì e sua madre, secondo l'accusa, aveva scambiato il figlio morto con quello vivo dell'altra donna, mentre questa dormiva. Salomone, dopo aver ascoltato a lungo le due donne, e non trovando prove chiare sull'identità dei due bambini, fece portare una spada e ordinò che il bambino sopravvissuto fosse tagliato a metà per darne una parte a ciascuna di esse. Allora, una delle due donne lo supplicò di consegnare il bimbo all'altra, pur di salvarlo. E così tutti compresero che la vera madre non poteva che essere quella pronta a sacrificare se stessa per salvare il figlio: proprio a lei, che era pronta a privarsene, fu restituito il bambino.

Il giudizio giusto per eccellenza nasce da una profonda conoscenza della realtà e dell'animo umano; giudice giusto è quello che si dispone a comprendere con una ragione aperta [Cartabia e Simoncini 2013], dalla quale soltanto può scaturire l'equità delle sue valutazioni. Salomone è giusto, non perché spartisce equamente il bene in gioco – decisione che condurrebbe ad esiti aberranti, nel caso di specie – ma perché comprende integralmente. Il giovane re biblico, potendo fare una richiesta a Dio al momento della sua ascesa al trono, chiede: «Concedi al tuo servo un cuore docile, perché sappia rendere giustizia al tuo popolo e sappia distinguere il bene dal male; infatti chi può governare questo tuo popolo così numeroso?» (1Re 3, 9). Re Salomone avrebbe potuto chiedere qualunque cosa: ricchezze, donne, potere, un regno grande e duraturo, salute o una lunga vita. E al contrario, chiede l'essenziale: un cuore docile. Cuore docile, qui, non significa tanto una bontà d'animo o una clemenza indulgente; cuore docile è un animo capace etimologicamente di apprendere, di distinguere il bene dal male, cioè una ragione, impegnata e aperta, capace di abbracciare la complessità e la profondità delle azioni umane. Tanto che Dio, nell'esaudire il suo desiderio, risponde: «Perché hai domandato [...] per te il discernimento per ascoltare le cause, ecco faccio come tu hai detto. Ecco, ti concedo un cuore saggio e intelligente: come te non ci fu alcuno prima di te né sorgerà dopo di te» (1Re 3, 11-12). All'ombra di queste antiche parole, si illumina di più ricco significato la celebre espressione di Piero Calamandrei: «Noi non sappiamo più che farci dei giudici di Montesquieu – *êtres inanimés* – fatti di pura logica. Vogliamo giudici con l'anima» [Calamandrei 1965, 650].

Raffrontato al grande re e giudice Salomone, come ci appare il re e giudice Edipo?

Il difetto di conoscenza

La tragedia di Edipo è anche la tragedia di un difetto di conoscenza.

In essa, il dilagare del male origina da un errore di valutazione, da una conoscenza parziale, da una grave svista, da una mancanza più che da una azione malvagia. Equivocando il vaticinio dell'oracolo, Edipo si inganna e volge al delitto tutto l'impeto della sua volontà, che invece vorrebbe agire con rettitudine. L'eroe tragico esprime emblematicamente il dramma della condizione umana: ambisce a grandi cose, eppure è imperfetta nel conoscere, prima ancora che nel decidere.

Abbiamo detto, poco sopra, che in Edipo non c'è intenzione malvagia, non c'è dolo. Ma occorre anche chiedersi: si può parimenti ritenere che non ci sia errore? Se si sposta l'osservazione dal piano della volontà a quello della conoscenza, la posizione di Edipo appare sotto una luce diversa. Invero in Edipo, c'è un grave errore sul piano conoscitivo. Quella *hybris* che gli è stata giustamente imputata, determinerà un vizio di origine nel processo cognitivo, che lo porterà a precipitare.

Quando Edipo ripercorre gli eventi che lo hanno indotto a fuggire da Corinto e ad andare incontro così al suo infausto destino (vv. 771-819), ricorda di essere stato indotto a interrogarsi su chi fossero i suoi genitori dalle espressioni usate da un uomo completamente ubriaco il quale, durante un banchetto, gli aveva rinfacciato di essere «un bastardo», falso figlio di suo padre. A seguito di quell'episodio, egli aveva interpellato i suoi genitori, i quali si erano offesi per l'oltraggio. Il sollievo recato a Edipo dalla reazione di Polibo e Merope fu solo momentaneo, tanto che, tormentato dal pensiero, egli successivamente si recò, di nascosto, a Pito a interrogare Apollo. Questi, afferma Edipo, lo rimandò indietro senza degnarlo della risposta che attendeva, ma gli predisse una sorte terribile e sciagurata. Per sfuggire all'onta vaticinatagli, egli senza indugio abbandonò la terra di Corinto.

Dunque, né i suoi «genitori» né Apollo avevano risposto alla sua domanda. Egli fugge inorridito da Corinto, senza conoscere l'informazione essenziale, convinto di essere figlio di Polibo e Merope.

Per questo difetto di conoscenza, Edipo abbandonerà i genitori adottivi, ucciderà il suo vero padre biologico lungo il cammino e, come predetto da Apollo, sposerà sua madre, Giocasta, non prima di aver liberato dalla Sfinge la sua vera città natale, dove, inconsapevole, fa ritorno.

È vero che in lui non si rintraccia una postura di immoralità; è vero che in lui si ravvisa una encomiabile determinazione a rifuggire il male, ma è vero altresì che la sua decisione sconta un grave difetto di conoscenza e per questo è fallace. Egli non sa chi sono i suoi genitori, cioè non conosce le sue origini, non conosce la sua vera identità. La sua azione è l'esito di una deliberazione retta, ma è anche una scommessa sull'ignoto. Trascurando l'importanza del fatto che l'oracolo non ha risposto alla sua domanda, Edipo dà per scontato che parli dei genitori di Corinto e per questo, impulsivo e impetuoso, fugge. E fuggendo va incontro al suo destino. È in qualche modo l'accusa che anche Tiresia, il cieco indovino che tutto conosce, gli rivolge: nel continuo rimando di espressioni che riguardano la capacità di vedere, la luce, il buio, Tiresia gli dice:

> Tu vedi, e non ti accorgi in quale sciagura ti trovi, né dove vivi, né insieme a chi abiti. Sai almeno da chi sei nato? Anzi, ignori di essere aborrito dai tuoi cari negli inferi e sulla terra. E da ogni parte colpendoti, la maledizione della madre e del padre, col suo terribile piede, ti scaccerà infine da questo paese; e se ora vedi bene, tra poco vedrai le tenebre (vv. 413-419).

Hamartia o *hamartema* è il termine con cui si designa l'errore, frutto di una colpa oggettiva non imputabile a una cattiva scelta del soggetto o a un peccato della sua volontà:

> Sostanzialmente diversa dall'*atychema*, dal mero accidentale *in-fortunio*, l'*hamartema*, di cui si rende responsabile il protagonista della tragedia [Edipo], è tuttavia irriducibile all'*adikema*, alla violazione deliberata di una giustizia (*dike*) comunque definita. In bilico – ma nettamente distinta – tra «fatalità» (*atychema*) e «iniquità» (*adikema*), la «colpa» tragica (*hamartema*) presuppone un errore del quale il protagonista non è interamente responsabile, soprattutto perché all'oscuro di eventi o circostanze importanti nella determinazione della sua condotta [Curi 1995, 22].

Paul Ricoeur dedica la prima parte del volume *Philosophie de la volonté, 2. Finitude et*

Culpabilité (1960) a un'indagine intorno al concetto di fallibilità. Qui, egli assume come ipotesi di lavoro che la fallibilità risieda in una certa non-coincidenza dell'uomo con se stesso, in una sproporzione di sé a sé. Comunque sia stata espressa, questa consapevolezza, da san Paolo, l'apostolo delle genti, posto al crocevia delle culture ebraica, greca e latina, attraverso Agostino, Cartesio fino all'epoca moderna, questa sproporzione ha accompagnato la riflessione dell'uomo sull'esperienza dolorosa del male: l'uomo avverte in sé una capacità infinita che, tuttavia, deve continuamente fare i conti con una molteplicità di errori che suppongono l'esistenza di qualcosa che chiamiamo il male. L'uomo sperimenta di essere in una posizione intermedia tra Dio e il nulla, tra l'angelo e la bestia, intermediario tra sé e sé [Ricoeur 2009, 37-40].

Edipo è acuto, ha una mente agile tanto da riuscire a risolvere l'enigma della Sfinge e liberare così la città di Tebe. Egli, pur essendo cosciente della sua saggezza – come emerge nello stringente e drammatico confronto con Tiresia – manca sul piano della conoscenza.

Perché in definitiva Edipo non è l'eroe che le sue caratteristiche dovrebbero identificare? Perché la sua figura non regge il confronto con quella di re Salomone? Non manca sul piano della morale, manca sul piano della conoscenza e più specificamente della consapevolezza di sé. E per questo, al contrario di Socrate, non sa di non sapere.

Inoltriamoci in questo difetto originale ripercorrendo alcune parole di Vernant che abbiamo già incontrato:

> Nella tragedia, l'oracolo è sempre enigmatico, non è mai menzognero. Esso non inganna, dà all'uomo l'occasione di sbagliare. Se il dio di Delfi avesse fatto a Edipo la sua predizione senza che egli avesse avuto la minima ragione di interrogarsi sulla sua origine, sarebbe stato colpevole di averlo deliberatamente raggirato; lo avrebbe egli stesso cacciato da Corinto, gettato sulla strada di Tebe verso l'incesto e l'uccisione. Ma, all'interrogazione di Edipo: «Polibo e Merope sono i miei genitori?» Apollo non risponde. Fa soltanto una predizione: andrai a letto con tua madre, ucciderai tuo padre, e questa predizione, nel suo orrore, lascia aperta la questione postagli. È dunque Edipo a commettere lo sbaglio di non preoccuparsi del silenzio del dio e di interpretare la sua parola come se desse risposta al problema della sua origine. [...] Edipo si definisce, con altera sicurezza: colui che decifra gli enigmi. E tutto il dramma è in un certo senso un enigma poliziesco che Edipo si impegna a districare. Chi ha ucciso Laio? L'inquisitore scoprirà di essere egli stesso l'assassino [Vernant e Vidal-Naquet 1976, 81].

Ma il difetto di conoscenza non è solo di Edipo.

Lo spettatore conosce in anticipo la verità dell'intera vicenda, è messo in condizione di seguire lo sviluppo degli eventi a partire da uno sguardo d'insieme. Viceversa, i singoli personaggi conoscono solo aspetti parziali di essa.

Oltre a ignorare le sue vere origini, Edipo non sa chi è l'uomo da lui ucciso al trivio, mentre fuggiva da Corinto per dirigersi verso Tebe. E questo punto rimarrà ambiguo lungo tutta la tragedia. Sulla fine di Laio ciascuno dei personaggi offrirà dettagli diversi. C'è chi parla di una banda di briganti: «Disse che, avendo incontrato dei briganti, questi l'avevano ucciso non per violenza di uno solo, ma per mano di molti» (vv. 122-123), afferma Creonte. C'è chi – come il coro – si riferisce invece a dei viandanti, *hodoiporon*, utilizzando un termine con una radice che rimanda al nome di Edipo, ma parlando pur sempre al plurale (v. 292). Sicché Edipo si appiglia a questo dato nella speranza che la morte di Laio non possa rimandare a quell'omicidio che egli compì in fuga da Corinto:

> Corse voce, hai detto, che lo uccisero dei ladroni. Se anch'egli [il testimone oculare] dunque parlerà di più uomini, non lo uccisi io: uno

solo non può essere pari a molti; ma se egli parlerà di un uomo che viaggiava solo, è evidente che il delitto ricade su di me (vv. 842-847).

Inoltre, anche gli altri personaggi conoscono solo verità parziali: Edipo raccoglie brandelli di conoscenza da Tiresia, Creonte, Giocasta, il Messaggero, ma il racconto è frammentato e incompleto. Giocasta sa di aver messo al mondo un figlio con Laio, ma non sa che non è morto, come era nelle sue intenzioni: sa che era stato consegnato appena nato a un servo perché lo abbandonasse sul monte Citerone, ma non è informata del fatto che il bambino è stato invece salvato e affidato ai signori di Corinto.

Ciascuno dei personaggi offre allo spettatore – e a Edipo stesso che indaga – una conoscenza limitata e incerta: la ricostruzione degli eventi avviene attraverso indizi confusi e contraddittori, bagliori di luce effimera che al tempo stesso illuminano e sviano, svelano e velano, in un brusio di segni da interpretare.

La relazione di Creonte – dopo essere stato a consultare l'oracolo di Delfi per sapere come salvare la città dalla peste – ha un carattere di reticenza che è inevitabile notare ed è a tratti fuorviante: egli rilascia le informazioni di cui è detentore in modo artatamente ambiguo e non senza continue sollecitazioni da parte di Edipo, che nel corso del dialogo diviene sempre più sospettoso di quanto accade attorno a sé. Non sapremo mai, infatti, proprio per il modo in cui Sofocle costruisce questo passaggio, se le parole che Creonte riferisce costituiscono l'esatto pronunciamento del dio o se sono mediate dalla sua conoscenza di ciò che è avvenuto a Tebe.

Lungo tutto l'arco della tragedia, la traversia di Edipo appare in una visione atomizzata, in cui ciascuno dei personaggi rivela spunti incompleti e contraddittori, quasi osservasse la realtà da un «angolo di rifrazione che frammenta irrimediabilmente il racconto in zone di interesse diverse, alternative o contrastanti, producendo una pluralità pulviscolare di racconti strategicamente orientati» [Stella 2010, 12].

La narrazione del dramma di Edipo assume un tratto molto moderno, in cui si contrappone la verità storica e oggettiva alla verità soggettiva proposta da ciascun interprete. Del resto, nella cultura della Grecia antica l'esperienza dei diversi punti di vista da cui si osserva la realtà era nota e teorizzata nel concetto di *doxa:* il mondo si manifesta soltanto nella *doxa,* cioè da un determinato punto di osservazione. Come osserva Hannah Arendt:

> Per Socrate, così come per i suoi concittadini, *doxa* [...] riguardava la comprensione del mondo così come «si apre a me». Non era fantasia soggettiva e puro arbitrio, ma neanche

> qualcosa di assoluto e valido per tutti. L'assunto era che il mondo si apre in modo diverso a ogni essere umano, a seconda della posizione che ciascuno occupa in esso. La «medesimezza» del mondo, il suo essere-in-comune (*koinon*, come avrebbero detto i Greci: comune a tutti), ovvero la sua «obiettività» (come diremmo noi nella prospettiva soggettivistica della filosofia moderna), risiede nel fatto che lo stesso mondo si apre a ognuno [Arendt 2015, 34].

Sicché «nell'ascolto, faccio esperienza del mondo, ovvero di come il mondo appaia da altri punti di vista. In ogni *doxa* si manifesta il mondo. Essa non è mera opinione» [*ibidem*, 64].

Nell'inchiesta, Edipo è l'unico dei personaggi ad essere animato da una insopprimibile determinazione a sapere tutto e a qualunque prezzo. E fa le domande giuste, indagando sulle responsabilità dei tebani, dei grandi di Tebe che, tuttavia, non rispondono mai in modo completo e soddisfacente: Tiresia sa, ma tace, mantiene spazi di silenzio, per meglio accusare e maledire; Creonte riferisce per non dire ciò che pensa e ciò che sa; Giocasta racconta sbrigativamente per liquidare il sospetto, che in lei si sta già facendo certezza. Ma Edipo non desiste. Continua a porre domande: perché i tebani non hanno mai indagato sulla morte di Laio? Perché l'indovino ha taciuto per così tanto tempo e non ha mai fatto il suo nome allora? Non sarà tutto un complotto, una cospirazione di palazzo (vv. 124-129 e 566-568)?

È qui che si scatena uno scontro durissimo con Tiresia, il divino profeta cieco. Egli sa, vede, ma non vuole dire. Edipo lo accusa di tradimento, sospettando una congiura di cui il vecchio indovino e il cognato Creonte sarebbero architetti e artefici, come accade in modo ricorrente nella storia, di fronte a eventi complessi che sfuggono alla comprensione immediata. È qui che Edipo insinua dubbi proprio sulla capacità di conoscenza di cui Tiresia si fa nolente portatore e gli contrappone la sua vittoria, basata su una conoscenza tutta umana, razionale:

> Perché, avanti, dimmi un po' dov'è la tua chiaroveggenza, eh? Come mai, quando c'era qui quella cagna che cantava le sue canzoni, tu non dicesti nulla per liberare il tuo popolo? Eppure non erano enigmi che potesse sciogliere il primo venuto. Ci voleva l'arte d'un indovino! Ma quell'arte non è parso che tu la conoscessi, né per grazia degli uccelli, né per gli dei. Io sono dovuto arrivare, io che non sapevo niente, Edipo, e l'ho messa a tacere, con la forza della mia mente, altro che il volo degli uccelli (vv. 390-398; trad. M. Stella).

È della conoscenza che qui si parla: conoscenza dell'uomo, che Edipo, in un *calembour* che la lingua greca suggerisce tra il suo nome

(*Oidipous*), il conoscere (*oid-*) e i piedi (*pous* e *dipous*), mostra di possedere, egli che non sapeva niente, ma che è allo stesso tempo, in un'analogia con l'inchiesta sull'assassino, oggetto – *dipous*, colui che avanza con due piedi – e soggetto dell'enigma della Sfinge – «Qual è l'essere che cammina ora a quattro gambe, ora a due, ora a tre?» – sul numero dei piedi che l'uomo usa per avanzare nelle diverse età della vita [Ahl 2012, 3]. E il coro, che come noto rappresenta il popolo, nel primo stasimo esprime scetticismo verso la saggezza di un indovino:

> Sì, Zeus e Apollo, loro,
> comprendono e conoscono
> le azioni degli uomini!
> Ma che un indovino, un uomo,
> abbia più credito di me,
> non è vero. Non è un argomento!
> Perché se si tratta di sapienza,
> tutti possiamo essere superati!
> E mai e poi mai, io,
> prima di vedere
> una prova certa,
> potrei sostenere
> la parte dell'accusa!
> Perché un tempo
> quella vergine
> alata gli volò contro e lui
> provò di essere saggio

e amico della città: e io
non penserò mai che è colpevole
(vv. 499-511; trad. M. Stella).

Qui emerge tutto l'amore per la conoscenza che ha contrassegnato l'intera cultura greca: qui traspare un velato scetticismo verso le verità dispensate da un indovino e tutta la fiducia nella ragione che Atene ha consegnato alla civiltà occidentale.

Eppure, se ci si lascia trasportare dai vari episodi che compongono la tragedia, sembra che non sia possibile giungere a una ricostruzione veritiera e convincente, proprio nell'ambito dell'arena pubblica. Ciascuno porge segmenti di racconto incompleti e insoddisfacenti: ne emerge una narrazione avvelenata che non racconta.

Contrastano con gli accenti malevoli, subdoli e insidiosi dei discorsi dei grandi di Tebe – Creonte, Tiresia, Giocasta, sopra tutti – tanto l'atteggiamento di Edipo, quanto quello del coro: Edipo chiede, il coro ascolta.

Edipo chiede, incalza tutti con le sue domande. In questo, rivela un atteggiamento *socratico*:

Ogni essere umano ha la propria *doxa*, la propria apertura al mondo, e per questo Socrate doveva sempre cominciare con delle domande:

> non potendo sapere in anticipo quale fosse il *dokei moi* dell'altro (il «mi pare» dell'altro), faceva appunto domande per capire quale fosse la posizione del suo interlocutore [Arendt 2015, 35].

Nessuno può conoscere da solo. Nessuno può conoscere del tutto neppure la verità inerente al proprio punto di vista: occorre incrociare le prospettive e portare alla luce la verità che ognuno potenzialmente possiede.

Il coro ascolta: il coro rappresenta la città, pur senza riprodurla. Sembra configurare un ristretto consiglio di anziani saggi, mentre il popolo è lontano, stremato dalla pestilenza. Il coro svolge fondamentalmente una funzione di ascolto: osserva tutto, ascolta tutto e, di tanto in tanto, interloquisce esprimendo i propri giudizi. Solo alla fine il coro giungerà a imputare a Edipo il peccato di *hybris*. Occorre ascoltare, prima di agire, reagire, giudicare e decidere.

Processo e «iuris prudentia»

Quale via per scongiurare l'errore giudiziario derivante da una conoscenza inadeguata, parziale e perciò falsa dello stato delle cose? Come si costruisce un racconto vero? Come si costruisce una affidabile ricostruzione della verità nelle aule giudiziarie? Se ognuno conosce un pezzo di verità attraverso il suo punto di vista sul mondo, sono l'ascolto dell'altro, l'intreccio degli sguardi, il contraddittorio, la coralità e la collegialità nel conoscere, prima ancora che nel decidere, a tracciare la strada che più agevolmente conduce al rimedio del difetto strutturale di conoscenza del singolo soggetto.

È vero che il protagonista vive nell'isolamento ed è avvolto nella condizione di solitudine che connota chi detiene una responsabilità pubblica. C'è una solitudine ultima in chi detiene la responsabilità della *polis* che nessun consigliere, fosse pure il più saggio, può lenire. Ma vero è altresì che l'arbitrio nel giudicare e nel decidere è tanto minore quanto più colui che decide ha preso consiglio, ha ascoltato. Un atteggiamento relazionale e condiviso [Barsotti et al. 2015] – prudente – nell'esercizio del potere può scongiurare molti danni e recare grandi benefici. La buona deliberazione (*euboulia*) beneficia grandemente del carattere plurale del dibattito.

Così, nell'esortazione di Emone a Creonte nell'*Antigone*:

> Non chiuderti nella convinzione incondivisa,
> che sia giusto soltanto quello che dici tu, e nient'altro.
> Chi crede di essere l'unico ad avere sag-

gezza, o parola, o *animo*, quali nessun altro,
una volta aperto, si scopre che è vuoto.
Un uomo, anche se è saggio,
non deve vergognarsi di continuare a imparare, e di non essere rigido:
vedi come lungo il corso vorticoso dei torrenti
gli alberi flessibili salvano i loro rami,
mentre quelli che oppongono resistenza vengono distrutti fino alla radice.
E così il timoniere che tende la scotta della nave, e non la allenta mai,
finisce per farla ribaltare e navigare con il ponte capovolto.
Piegati! Concediti di cambiare idea!
Se posso esprimere un'opinione, anche se sono giovane,
dico che sarebbe molto bello, se l'uomo fosse colmo di saggezza per natura;
ma poiché questo non accade quasi mai,
è meglio che impari da chi dice cose giuste
(vv. 710-723; trad. Tonelli).

Non a caso la giustizia si amministra, da tempo immemorabile, nel corso di un processo caratterizzato dal contraddittorio fra le parti. Nell'*Orestea*, il passaggio dalla giustizia primitiva e vendicativa delle Erinni alla giustizia argomentativa e razionale delle gentili Eumenidi è segnato dall'istituzione dell'Areopago, un tribunale che esprime il proprio giudizio solo dopo aver ascoltato le ragioni di tutti, quelle di Oreste e quelle delle Erinni. In questo contesto, avviene una spettacolare trasformazione nel registro del linguaggio giudiziario: i giuramenti e le invocazioni lasciano spazio a una parola dialogata e persuasiva, la cui efficacia razionale ha la meglio, per la prima volta, sui poteri magici dei riti e degli incantesimi [Ost 2007, 111]. «Forse l'aspetto fondamentale di tale trasformazione», osserva Martha Nussbaum [2017, 14] «consiste nell'imparare la voce della persuasione». Non a caso, come abbiamo già avuto modo di notare, artefice di questa trasformazione è Atena, la dea della ragione scaturita direttamente dalla testa di Zeus.

Anche l'*Edipo Re* ha quasi la struttura di un processo, di un processo inquisitorio per la precisione: ciascuna delle parti che interviene, spontaneamente o sollecitata o persino costretta dall'incalzare di Edipo, contribuisce con il suo pezzo di verità e alla fine l'investigazione porta a individuare il colpevole.

Lo svolgimento del processo si intreccia con il motivo della vista, dello sguardo, degli occhi: Tiresia – l'accusa – è cieco, non vede, ma conosce la verità; il pastore – testimone oculare – ha visto, ma agisce in modo che gli altri non vedano; Edipo – giudice inquirente e requirente, nonché inconsapevole imputato – non vede l'enigma che è in lui e quando se ne avvede si acceca, si toglie la vista.

Anche la struttura del processo contemporaneo è tutta basata sull'intreccio delle *doxai*, dei punti di vista: l'accusa e la difesa, l'attore e il convenuto, ma anche i testimoni, i periti, i singoli componenti del collegio giudicante; e poi, il secondo grado di giudizio, il ricorso in Cassazione o ai giudici sovranazionali. Se consideriamo il processo costituzionale – il più familiare a chi scrive – oltre all'intervento delle parti e dell'avvocatura dello Stato al cospetto di collegi giudicanti eccezionalmente ampi – quindici sono i giudici costituzionali della Corte italiana – molte Corti costituzionali di altri paesi hanno sviluppato un processo più aperto, in cui si ascoltano i punti di vista della società civile, specie in forma di *amici curiae*. Associazioni, gruppi, sindacati, aggregazioni di cittadini che esprimono la vita della società civile sono, in altre esperienze, ammesse a partecipare al processo di cui non sono formalmente parte, per l'apporto che possono recare al giudice con le loro conoscenze e i loro vissuti.

L'immagine degli sguardi che si intrecciano, dei fasci di luce che si intersecano, delle prospettive che svelano angolature diverse della medesima realtà rimanda all'iconografia della «prudenza» come raffigurata ad esempio sull'arca di sant'Agostino a Pavia o nell'omonimo dipinto di Tiziano. Talora rappresentata come una donna che guarda in uno specchio, non tanto per riflettersi, ma per cogliere ciò che accade alle sue spalle, la *virtù della prudenza* è più frequentemente raffigurata come un uomo con tre volti: il primo è quello di un uomo anziano che guarda indietro, al passato; il secondo è quello di un uomo in età matura che guarda davanti a sé; il terzo è quello di un giovane che guarda oltre, verso il futuro. Per Aristotele (*Etica nicomachea*, VI), la prudenza consiste nel retto discernimento che orienta l'agire: è una virtù da ascrivere alla sfera della conoscenza, una ricerca che consente di giungere a una buona deliberazione. Nulla ha a che vedere con l'attitudine più cauta o più audace dell'attore. Riguarda piuttosto la comprensione: essa ha il compito di permettere un'adeguata valutazione delle circostanze per decidere l'atto che ad ogni momento la realtà esige.

La giustizia «imperfetta» ha la sua virtù nella prudenza: prudente è il giudice che sa bene che la ricerca della verità è sempre aperta a un oltre, inesauribile e certamente inafferrabile da un uomo solo. È una giustizia che apre processi e dialoghi, condivisione e confronti, e lascia sempre socchiusa una fessura per possibili sviluppi ulteriori.

È interessante notare la diversità che separa l'iconografia della «giustizia» da quella della «prudenza», proprio in relazione al tema della vista e dello sguardo: la giustizia è normalmente rappresentata come una donna o una dea bendata, a simboleggiare la sua imparzialità. Tradizionalmente, tra le virtù del giudicare si annoverano proprio l'imparzialità e l'indipendenza del giudice – come del resto richiede giustamente anche la Costituzione italiana agli artt. 101 e 111 – o il suo equilibrio, come richiama la presenza di una bilancia nelle mani della dea bendata. Più raramente si sottolinea la virtù della prudenza, come qualità essenziale di chi amministra la giustizia, come capacità di osservare, ascoltare, cogliere, guardare in ogni direzione. Eppure, il diritto che scaturisce dall'attività dei tribunali assume il nome di giurisprudenza: *iuris prudentia*. La *iustitia* richiede *iuris prudentia*.

Edipo offre al lettore di ogni tempo un'immagine potente della condizione umana, delle sue grandi potenzialità e della sua debolezza strutturale: neppure il più grande degli uomini conosce in profondità la sua identità e, mancando sul piano della consapevolezza di sé –, della macchia che porta in sé – non può esimersi dal seminare il male. Non è cosciente della lesione che la sua umanità ha subito suo malgrado, anche se il suo stesso corpo ne porta il segno: le caviglie bucate indicano una ferita, un'imperfezione che nella tradizione cristiana si direbbe «peccato originale». Ignaro o immemore di tale debolezza, il suo agire si fa scriteriato, avventato, imprudente. E tragico.

Dopo il lungo esilio, la lunga espiazione e il lungo meditare, Edipo a Colono subisce una trasformazione, sulla cui natura e portata si sono profuse molte energie intellettuali, come osserva Vidal-Naquet [Vernant e Vidal-Naquet 1991, 185]. Ancora una volta, siamo di fronte a un Edipo non privo di contraddizioni: egli, da un lato, appare riconciliato, quando pronuncia intense parole d'amore verso le figlie, e, dall'altro, è ancora inseguito dal suo tormento, quando maledice i figli maschi, che si consumeranno in un odio fratricida.

Soprattutto al termine della sua parabola, egli sembra accettare quel limite che costituisce l'essenza dell'uomo, facendo sua una vita di confine, come «uno iato aperto in entrambe le direzioni» [Guardini 2006, 78-79], fra Tebe e Atene: straniero in patria, esule e cittadino, retto e impuro, innocente e colpevole. Alla fine della tragedia, egli è elevato dagli sguardi profani, dopo essere stato accompagnato ai limiti del territorio sacro della città da Teseo. Si compie, in questo luogo sul margine della città, il destino dell'eroe che si colloca nel punto di intersezione tra la sfera divina e la sfera umana, dove la loro distinzione diviene difficoltosa e misteriosa, dove l'ordine intellegibile della vita si incontra con il livello più oscuro dell'esistenza [Segal 1981, 8]. E tuttavia, *Edipo a Colono* è la tragedia del riconoscimento [Ricoeur 2005, 93 ss.]. Nel suo personalissimo cammino della conoscenza, Edipo arriva a confessare alla figlia Antigone, che lo accompagna nel suo esilio: «dal conoscere [per esperienza, *mathein*], viene prudenza nell'agire» (v. 115). Ormai alla fine della sua vita esprimerà con pacata lucidità il mistero del suo destino: «le mie azioni piuttosto che compierle, io le soffersi, se mi è lecito parlarti di mio padre e di mia madre, per i quali hai orrore di me. [...] Io dunque, senza sapere nulla, giunsi dove giunsi» (vv. 266-268 e 273-274). Egli non poteva evitare. Con la consapevolezza di sé, matura in lui una modestia, un realismo, una compostezza che contrasta con la *hybris* della sua giovinezza: l'acume della mente vivida che risolve gli enigmi della Sfinge è superata da una saggezza che si dischiude in fiduciosa quiete:

> O carissimo figlio di Egeo, soltanto gli dei non conoscono vecchiaia e morte: tutto il resto viene travolto dal tempo onnipossente. Illanguidisce la forza della terra, illanguidisce la forza del corpo; muore la lealtà, germoglia la perfidia, né mai perdura lo stesso sentimento fra gli amici o fra città e città. Agli uni subito, agli altri in seguito quel ch'è dolce si tramuta in amaro e poi di nuovo in dolce (*Edipo a Colono*, vv. 607-615).

E la tragedia di Edipo si trasfigura in quieta malinconia – «indizio dell'assoluto», come direbbe Romano Guardini [2006, 67] – che sul punto della sua misteriosa morte lascia socchiuso uno spiraglio alla speranza.

Luciano Violante

Antigone

Lo Stato e il cittadino

Antigone, come un vento di mare, ha attraversato i secoli e i continenti. Forse non c'è figura che sia stata così a lungo riscritta e reinterpretata. George Steiner ha scritto nel 1984, data di pubblicazione delle *Antigoni*, che ne esistevano più di 1.530 [Steiner 1984]. La sua complessità è diventata centrale nel Novecento, il secolo dei totalitarismi e della loro disfatta, della democrazia e della sua fragilità, dell'instabile bilanciamento tra le esigenze del governo e i diritti del singolo. In società diventate fluide, la lineare contestazione del potere in nome di valori superiori, propria di Antigone, ha consentito la semplificazione dei conflitti e ha conferito rappresentanza alle istanze di libertà individuale contro la macchina del potere politico. Per questa ragione la sua figura è stata studiata da psicanalisti, filosofi, politologi, da tutti coloro che si occupano del potere, del dissenso, del governo, della opposizione.

A Tebe, città tanto grande e magnifica da avere ben sette porte, c'è stata una guerra. Eteocle ha difeso la città da suo fratello Polinice che intendeva conquistarla. I due si sono l'un l'altro uccisi in duello. L'attacco di Polinice è fallito; la città è salva. Il re di Tebe, Creonte, stabilisce che siano concessi tutti gli onori ad Eteocle, il difensore della città, mentre il corpo di Polinice, come i corpi di tutti i traditori della patria, sarà abbandonato insepolto, fuori della città, alla fame dei cani e degli uccelli. Antigone, sorella di Polinice, rifiuta obbedienza all'editto di Creonte in nome di una legge superiore, che viene direttamente dagli dei, per la quale i corpi di tutti i defunti devono avere sepoltura. Accade così che Antigone, nonostante il divieto e la minaccia di morte, celebri il rito funebre per Polinice. Creonte la condanna a morire e respinge tanto gli inviti del coro quanto le pressanti argomentazioni di Emone, suo figlio, del quale Antigone è promessa sposa. La tragedia si compie. Antigone si impicca; Emone si uccide dopo aver sputato sul viso del padre. Creonte resta re di Tebe, ma è solo, disperato e consapevole che quei suicidi sono frutto della sua visione dei doveri di chi governa la città.

È difficile per chi non sia uno specialista della tragedia greca distinguere il pensiero di Sofocle dal pensiero di un cittadino del XXI secolo, ciò che ha espresso Sofocle e ciò che può intendere un nostro contemporaneo, comprese alcune utilizzazioni improprie della figura di Antigone. Tuttavia la possibilità della sovrapposizione dimostra in modo inequivoco la vitalità che quella tragedia ha conservato attraverso ventisei secoli. Se la sovrapposizione non fosse possibile, la tragedia sarebbe rimasta sulle scrivanie degli studiosi.

La permanente attualità del testo di Sofocle sta nella dinamica degli opposti: ciascuna figura rappresenta un modello universale che trascende il ruolo che Sofocle le assegna: Creonte-Antigone, Stato e individuo; Eteocle-Polinice, l'eroe e il traditore; Antigone-Ismene, la donna ribelle «appassionata dell'impossibile» e la sorella, donna rassegnata alla subalternità. E poi legge contro giustizia; legge scritta contro legge non scritta; modernità contro tradizione; le leggi transitorie degli uomini contro quelle eterne degli dei; le esigenze della società contro i valori dell'individuo; diritto positivo contro diritto naturale, diremmo con un linguaggio più vicino a noi; vecchiaia contro giovinezza; femminile contro maschile.

Antigone è doppiamente trasgressiva, non solo perché disobbedisce al decreto di Creonte, ma anche perché abbandona il suo statuto di donna [David-Jougneau 2010, 17]. Sono conflitti ricorrenti nella storia dell'umanità, ovunque ci sia un potere pubblico che esige obbedienza a una legge che un cittadino ritiene ingiusta. Antigone ha rappresentato nei secoli l'emblema del dissenso fondato su un imperativo morale, la personificazione della giustizia contro la legge.

Il mito di Antigone e Creonte, la loro vicenda, l'intreccio dei conflitti che Sofocle mette in scena sono «universali specifici» [Steiner, 1990]. Si scontrano due pretese entrambe legittime e perciò inconciliabili. Non c'è un dio che risolve il conflitto come nelle *Eumenidi* di Eschilo e nessuno dei due protagonisti può cedere, senza il rischio di vanificare l'essenza stessa della propria legittimità.

Le mille Antigoni che hanno attraversato la letteratura mondiale sono tutte eroine che ispirano commozione e apprezzamento, mai patetiche. La simpatia è perciò tutta per loro. Mito del femminismo, Antigone è anche mito della rivolta dell'individuo contro lo Stato. Antigone pone all'inizio un problema privato, la sepoltura di suo fratello. Ma quando un problema privato confligge con il potere politico, inevitabilmente il conflitto investe anche la sfera pubblica perché mette in discussione le regole della vita sociale. In caso di conflitto tra la legge degli uomini e la legge degli dei, quale deve prevalere? Le leggi degli uomini sono scritte, note e conoscibili; quelle degli dei non sono scritte e la loro stessa esistenza non è verificabile.

> L'editto non era di Zeus – risponde la giovane donna a Creonte – e la Giustizia, che siede accanto agli dei, sotto terra, non ha mai stabilito tra gli uomini leggi come queste. Non penso che i tuoi decreti avessero tanto potere da far trasgredire a un essere mortale le leggi non scritte, immutabili, fissate dagli dei [...] Non potevo, per paura di un uomo, essere responsabile di questa violazione a una legge stabilita dagli dei (*Antigone*, vv. 450-460).

Ma chi può asseverare la fondatezza delle leggi non scritte, dichiarate come provenienti dagli dei? Il miglior testimone è la stessa persona che ne sostiene il primato; la legittimazione di Antigone deriva dalla inflessibilità e dalla convinzione del suo atteggiamento. È una sorta di cerchio che si chiude su se stesso. Antigone, se vuole dimostrare il primato della legge di Zeus, in nome della quale trasgredisce la legge degli uomini, non può cedere. Se cedesse dimostrerebbe la fallacia del suo presupposto ideale. Scrive Hegel a proposito:

> Quelle leggi (le leggi assolute, che corrispondono a quelle che Antigone, citata esplicitamente da Hegel, definisce diritto degli dei, non scritto e infallibile) sono. Se domando del loro sorgere e le circoscrivo al punto della loro ori-

> gine, mi sono già spinto ben al di là di esse… Se esse debbono legittimarsi al mio sguardo, ho già scosso l'incrollabilità del loro essere-in-sé, e le considero come qualcosa che per me forse è vero, o forse non lo è. La mentalità del sentire etico consiste appunto nel perseverare irremovibilmente in ciò che è il giusto e nell'astenersi dal procurargli movimenti o scosse, e dal ricondurlo ad altro [Hegel 2007, pos. 6607].

Antigone, pertanto, racchiude in sé tanto la regola alternativa a quella che proviene dal pubblico potere quanto l'assoluta opposizione a quest'ultimo. La figlia di Edipo si riferisce a leggi «non scritte» e quindi non verificabili. Ciò che rende legittima la sua opposizione è perciò l'opposizione stessa. Attraverso questo passaggio, Antigone entra nella sfera pubblica. Esce dal privato e dal familiare per entrare nella *polis* e nelle sue regole facendosi propugnatrice di un altro diritto, più alto e indifferente ai problemi del governo della *polis*, che conquista progressivamente il coro e gli abitanti della città; lo dice Emone a Creonte:

> Per tuo vantaggio investigo io ciò ch'altri opera o parla. La tua presenza sbigottiti rende i cittadini si che non ti dicono mai ciò che udire non ti piace: invece io tutto posso udire, quanto nell'ombra dicendo vanno; che la città commisera questa fan-

> ciulla, immacolata più d'ogni altra donna, e che compiuta ha l'opera più nobile e in cambio ne riceve la più misera morte (*Antigone*, vv. 766-776).

Il conflitto è solo inizialmente giuridico, tra legge umana e legge divina, ma diventa progressivamente politico man mano che Creonte pone con chiarezza crescente l'incompatibilità della pretesa di Antigone con l'ordinato svolgersi della vita della città.

Antigone non rammenta mai la guerra che ha minacciato di distruggere la città. Come molti contestatori del potere pubblico in nome di un valore ideale, dimentica la storia, trascura le condizioni materiali nelle quali si trova ad esprimere la propria posizione. Vive nel proprio dilemma tra l'osservanza del decreto di Creonte e l'osservanza della legge non scritta, tra la *polis* e il *nomos*, e non vede altro. Risolve il dilemma facendo prevalere la legge non scritta e suicidandosi: questo ne fa un'eroina.

La tenace opposizione a Creonte, la progressiva conquista del consenso della città, la contestazione della regola che il potente maschio intende imporre, il suicidio spiegano il fascino che Antigone ha esercitato nei confronti di alcune parti del movimento femminista. Se femminismo vuol dire piena espressione dell'essere donna, senza vincoli e condizionamenti, con la capacità di realizzare nuovi modi di essere sulla scena privata e su quella pubblica, Antigone è il mito perfetto, simbolo di ciò che forse non è accaduto, ma rappresentazione di ciò che potrebbe certamente accadere, come è proprio del mito.

Il dilemma parentale

La luce accecante del mito ha sospinto in un cono d'ombra il legame parentale tra Antigone e Polinice, che sembra contraddire la ragione puramente ideale della sua scelta:

> E anche ora, Polinice, per avere coperto il tuo corpo
> questa sorte ottengo.
> Eppure io ti resi onore giustamente, per chi ha senno.
> Infatti, mai, né se fossi divenuta madre di figli,
> né se fosse stato il cadavere di mio marito a corrompersi,
> io mi sarei assunta questo compito contro il volere dei cittadini.
> E in forza di quale principio lo affermo?
> Morto il marito, ne avrei avuto un altro;
> e da un altro uomo avrei avuto un figlio,
> se quello mi fosse mancato:

ma ora che mia madre e mio padre sono in fondo all'Ade,
non è mai più possibile che mi nasca un fratello.
Eppure poiché secondo questa legge
ti ho particolarmente onorato,
è sembrato a Creonte che questa fosse una colpa
e che io abbia osato una cosa terribile, fratello mio
(vv. 902-915; trad. Romagnoli).

Fortemente preoccupato da questo passo fu Goethe, che chiedeva l'intervento di un filologo capace di dimostrarne l'interpolazione [Eckermann 2008, 128-129, cit. in Di Lucia 2014, 153-168]. Ma quel filologo non è stato ancora trovato.

Antigone, figlia di Giocasta madre suicida e di Edipo, padre omicida, è di fronte a due imperativi, quello parentale e quello morale; ma in realtà l'uno si scioglie nell'altro perché entrambi conducono alla stessa soluzione e comunque entrambi sono il presupposto per la dilatazione del proprio io sino a investire il governo della comunità.

Il dilemma parentale trova un precedente nel libro III delle *Storie* di Erodoto (484-425), che probabilmente Sofocle conosceva. Lo ha studiato e proposto Maurizio Bettini [2009, 321 ss.].

Dario, racconta Erodoto, aveva disposto la cattura di Intafrene e di tutti i suoi parenti, temendo che tramassero contro di lui. Intafrene piangeva continuamente e chiedeva la compassione di Dario, che le inviò un messaggero. «Dario – le disse il messaggero – ti concede di salvare la vita di uno solo dei tuoi parenti imprigionati. Scegli chi vuoi fra tutti». «Se il re mi concede la vita di uno solo, allora fra tutti scelgo il mio fratello». E di fronte allo stupore di Dario spiegò: «O re, se il dio vuole, io posso avere un altro marito e altri figli, se perdo questi; ma mio padre e mia madre non sono più vivi, perciò in nessun modo potrei avere un altro fratello. È in base a questo ragionamento [*gnomé*] che ti ho dato quella risposta» (*Storie*, III, 119). Dario salvò la vita del fratello e del figlio primogenito, mandando a morte invece tutti gli altri.

Hegel, che qui non cita espressamente Antigone, conferisce un valore particolare al rapporto tra fratelli e in qualche modo giustifica la scelta:

> tra fratello e sorella ha luogo una relazione pura. Essi sono il medesimo sangue, che peraltro in essi è giunto alla sua quiete e al suo equilibrio. Essi, allora, non si appetiscono reciprocamente; non hanno dato né ricevuto l'un l'altro questo essere-per-sé, ma sono reciprocamente libera individualità (Hegel 2007, pos. 7095).

La motivazione parentale sembra incrinare la tradizionale figura di antagonista per la pura difesa di un principio etico religioso. In sostanza,

Antigone non avrebbe fatto prevalere la legge degli dei e non si sarebbe suicidata, se la mancata sepoltura avesse riguardato un congiunto «sostituibile». Anche in lei c'è un ragionamento, come per Intafrene. Ma mentre la donna della corte di Dario motiva la sua posizione solo con un ragionamento, Antigone intreccia il ragionamento al *nomos* di origine divina. Non può trascurare il corpo del fratello perché non ne può avere un altro; ma se, per ipotesi, ne avesse potuto avere un altro il corpo di Polinice sarebbe rimasto come pasto dei cani e degli uccelli. E quindi il *nomos* che viene da Zeus diventa decisivo non per forza propria, ma per effetto della non sostituibilità di Polinice. Il vincolo parentale che Creonte trascura, perché sarebbe lesivo dei suoi doveri di governo della città, diventa sostrato necessario alla scelta di Antigone e, agli occhi degli esaltatori acritici, rende più complesso il suo ruolo, in qualche modo meno eroico. Sofocle sembra rammentarci che dietro molte scelte che appaiono puramente ideali possono esserci motivazioni che offuscano l'aureola.

Governare la città

L'Antigone costituisce da molti secoli una metafora del conflitto tra il diritto nobile e vigoroso del singolo e il potere cieco, sordo e violento dello Stato, rappresentato da Creonte. Emblematiche sono le rappresentazioni di Jean Anouilh (1944), di Bertolt Brecht (1948) e Salvador Espriu (1955), contro i rispettivi regimi oppressivi. Anouilh colloca la tragedia nella Francia occupata dai nazisti, ma con qualche ambiguità sul collaborazionismo; Brecht, nella Germania hitleriana; Espriu, nella Spagna franchista.

Nel 1967 a Krefeld, in Germania, il Living Theatre mise in scena un Creonte dispotico e vanaglorioso, che riduce a cani i suoi consiglieri, li castra e parla davanti a un popolo in ginocchio.

Sempre nell'ottica della critica ai totalitarismi, ma con contenuti del tutto originali, la regista Liliana Cavani nel 1969 opera una trasposizione in chiave moderna dell'Antigone nel film *I cannibali*, dove l'antagonismo come spiegherà la regista in una illuminante intervista (ora su YouTube) è tra un ordine gelido e tutto poliziesco e un progetto di fratellanza tra giovani. Ma si tratta forse, dell'unica reinterpretazione che va oltre il paradigma di Sofocle. Con l'Harbin Opera House, che prende il nome da una città del nord della Cina, torniamo alla lettura più classica; nel 1980 la compagnia cinese rappresenta a Delfi una versione dell'opera che condanna gli arbìtri di un'autorità politica ingiusta, il cui simbolo era, naturalmente, Creonte; Antigone, invece, era rappresentata in maniera totalmente positiva. Una lettura più moderna, ma sempre dentro gli antichi binari, fu data da Andrzej Wajda con lo Stary Teatr di Cracovia, messa in scena anch'essa a Delfi nel 1989. In questo spettacolo, Antigone non è sola; con lei si schierano vari settori della società moderna: soldati polacchi vittoriosi contro i tedeschi, studenti in manifestazione, operai dei cantieri di Danzica in rivolta. A sostenere le ragioni di Creonte ci sono ottusi funzionari di partito. Creonte, infine, è il comandante di un campo di concentramento in *Antigona a tì druhì* scritto dallo slovacco Peter Karvaš, citato da George Steiner (1984).

Come sarebbe semplice se le cose stessero davvero come in molte di queste opere sono rappresentate! Se Creonte fosse davvero uno spietato dittatore e se Antigone fosse davvero una giovane donna portatrice di una nuova legge per un ordine migliore nella città. Ma così non è, né nel mito né spesso (non sempre) nella realtà. Non sempre l'oppositore è portatore di un nuovo domani; non sempre l'uomo di governo è un subdolo tiranno. La realtà politica non è una linea retta; è un poligono con molte facce. La complessità dell'esercizio del potere e dell'esercizio della opposizione ha una propria specifica dimensione dentro dilemmi che impongono a volte scelte tragiche.

La contrapposizione tra il potere dello Stato e il diritto del singolo si ritrova in tutte le latitudini e in tutti i tempi, dovunque una comunità umana diventa Stato. Si comprende quindi il successo dell'*Antigone*, che rappresenta per questo conflitto un paradigma di straordinaria efficacia. Tuttavia nelle diverse trasposizioni della tragedia viene prosciugata la ricchezza delle modulazioni del rapporto tra il re, l'eroina, il coro, il figlio del re; conseguentemente entrano in scena solo nudi conflitti secondo gli schemi più ricorrenti nella modernità. Le esigenze della *polis* rispetto alla potenza del *nomos* restano orfane di attenzione. Questa interpretazione della tragedia di Sofocle, per quanto prosciugata della sua ricchezza, ha consentito di proporre anche in tempi difficili il tema della ribellione al potere politico; il mito ha permesso di parlare dell'attualità, di superare le censure, di trasmettere, forse, speranza.

Il diritto nuovo contro la legge antica

Conseguentemente nei confronti del re di Tebe è prevalso il disprezzo: personaggio spregevole, contraltare della celestiale Antigone, catalizzatore del risentimento e del disprezzo universale. Spietato con il proprio sangue e con se stesso, in nome di un potere glaciale e privo di umanità. Sta, in difesa delle proprie convinzioni, contro tutti e tutto: impersona la legge ottusa – che egli solo pretende di conoscere – e detiene il comando che segna il confine tra il bene e il male. Eppure Creonte non è il tiranno cieco e violento che vuole liberare la propria strada dalla giovane donna che gli si oppone. È stato Massimo Cacciari ad osservare che Creonte non si batte per la tirannide e che, semmai, questa potrebbe costituire l'estrema conseguenza dell'atto di Antigone [Cacciari 1985, 21]. Antigone è testimone del diritto antico, quello della immutabilità delle regole, mentre Creonte è un innovatore, portatore del diritto nuovo, quello che fa funzionare la *polis*. Per questa ragione il mito è affiancabile a tutti gli altri miti greci che puniscono l'innovatore, quello che vuole cambiare.

Icaro muore per aver voluto volare troppo in alto, troppo vicino al sole.

Prometeo che porta il fuoco agli uomini e insegna loro come custodirlo sotto la cenere è inchiodato a un masso e un'aquila gli rode il fegato. Il fegato gli ricresce nella notte ed è pasto dell'aquila per l'indomani.

Fetonte chiede al Sole, suo padre, di guidare il carro che illumina la terra. Dopo molte insistenze il padre cede. Ma Fetonte è troppo giovane e come tutti i giovani, questo è il cuore del mito, è inesperto e presuntuoso. Combina disastri, come racconta splendidamente Ovidio nelle

Metamorfosi, brucia parte della Terra, ghiaccia un'altra parte. I cavalli, sentendo la mano inesperta, si imbizzariscono; il giovane precipita e muore.

Creonte oppone il nuovo diritto, quello che deve reggere la *polis*, al diritto degli antichi, che viene dai morti e che è difeso da Antigone. Lo scontro tra nuovo e vecchio diritto non è una esclusiva dell'*Antigone*. È lampante nelle *Eumenidi*, quando Apollo difende Oreste dall'accusa di matricidio.

Le Erinni accusano Apollo di difendere un assassino, Oreste, che ha ucciso la madre Clitennestra la quale a sua volta ha ucciso il marito Agamennone. Ma Oreste, spiega Apollo, può essere considerato un assassino solo in base alla antica *dike*; egli aveva il dovere di vendicare il padre per affermare il nuovo diritto della famiglia e della *polis*. «Leggi novelle sconvolgeranno tutta la terra, se questo scempio, se questa causa del matricida trionferà» dice il coro. Ma Apollo risponderà che era stato giusto uccidere la madre uxoricida perché la madre «genitrice non è, bensì nutrice del nuovo germe; genitore è colui che il germe espresse». Il nuovo diritto viene confermato da Atena che presiede al giudizio e il cui voto fa pendere la bilancia in favore di Oreste: «Figlia son di mio padre: e a cuor la sorte mai d'una donna non avrò, che uccise lo sposo suo, custode della casa».

Creonte è un governante responsabile; sa che la *polis* non si regge senza leggi e senza cittadini che le osservino anche quando appaiono ingiuste. Ha l'imperativo morale di far prosperare la città. La città non può prosperare se le sue leggi vengono violate. E il *nomos* proposto da Antigone, non può governare la città. Antigone è il passato, Creonte è il futuro.

Il sovrano di Tebe lega con la propria azione, applica leggi positive. Non è condizionato da un dato di fatto indimostrabile come la legge divina; è vincolato da un diritto positivo, da lui stesso costituito. L'ubbidienza alla legge, è il nucleo del suo dovere.

> Male maggiore invece non esiste
> della mancanza d'ordine; per questa
> vanno in rovina le città, disperse vanno le
> case, le schiere alleate
> fuggono infrante dalla lotta. Invece
> la disciplina dà vittoria e salva
> ai più la vita. È necessario dunque
> difendere le leggi
> (vv. 672-677; trad. Romagnoli).

È la stessa argomentazione che nel *Critone* usano le leggi nell'immaginario dialogo con Socrate, e che Socrate stesso illustra all'amico che era venuto a proporgli la fuga:

> Poniamo che mentre siamo lì lì per fuggire di qui (o comunque vogliamo chiamare questa cosa) venissero le leggi e la città tutta, si piazzassero davanti a noi e ci chiedessero: «Dimmi, Socrate, che cosa hai in mente di fare? Quale può essere il tuo intento, con questo gesto, se non di fare quanto ti è possibile per distruggere noi, le leggi, e la città intera? [...] O pensi che possa sopravvivere, e non essere sovvertita, una città in cui le sentenze pronunciate non hanno efficacia, e possono essere invalidate e annullate da privati cittadini? (Platone, *Critone* 54a)

La responsabilità del governo della città impedisce a Creonte di revocare l'editto, come gli chiedono prima il figlio Eteocle e, più avanti, lo stesso coro. Il re non può fare un uso familistico delle proprie prerogative. Creonte vuole mostrare che la patria non tratterà allo stesso modo chi ha combattuto per essa e chi invece ha mosso le armi contro di lei. Salvatori e traditori della patria avranno sotto il suo regno un trattamento diverso e chiama Zeus, che tutto vede, a testimone della propria determinazione a governare la città nel rispetto della legge.

La solitudine dell'uomo di governo

Il governo della città non può essere condizionato dalle relazioni private del sovrano. I vincoli parentali devono cedere rispetto alla legge:

> Ma se lascerò crescere nel disordine
> chi mi è consanguineo per nascita
> certo renderò tali anche gli estranei.
> Chiunque agisce rettamente in privato,
> apparirà giusto anche nella cosa pubblica
> (vv. 659-662).

Antigone è sua nipote e promessa sposa di suo figlio Emone, che cerca di convincerlo a revocare la condanna. Ma tra la *polis* e l'*oikos* deve prevalere la *polis*, tra la famiglia e lo Stato deve prevalere lo Stato. Il suo rigore è razionalmente e politicamente giustificato. Polinice è un traditore; perciò ne è vietata la sepoltura. Creonte trasferisce in un proprio decreto un costume consolidato che lascia senza sepoltura i traditori della patria. Attribuisce quindi a se stesso, come qualunque autorità di governo, il potere di fissare la distinzione tra lecito e illecito, tra consentito e proibito, tra ciò che giova alla comunità e ciò che la danneggia. È un abuso? Ma il governante quale altra strada può percorrere per adempiere al proprio dovere di curarsi della città e di ben governarla?

Questa dimensione pubblica della figura di Creonte è messa in evidenza dalla sua solitudine. Il figlio Emone, il coro, i cittadini di Tebe sono progressivamente tutti contro di lui. La solitudine che avvolge la sua figura è la solitudine dell'uomo di governo, di chi deve scegliere tra valori in conflitto e decidere sacrificando qualcosa o qualcuno. Nel momento della scelta, mentre i contrapposti doveri collidono, il governante è solo. Certo, ci sono i consiglieri. Alcuni lo invitano ad essere flessibile, altri ad essere rigoroso. Alcuni a guardare alle conseguenze della sua decisione, altri a considerare come esse verranno valutate nel momento in cui verranno prese. Ma poi, al momento della scelta, i consiglieri, i critici e gli apologeti escono di scena. La decisione è frutto, spesso anche fonte, di solitudine. Creonte si delinea sempre più come uomo solo; in questa solitudine si radica un aspetto della tragedia.

Quando, alla fine del quarto stasimo, ormai privo di argomenti dice ai servi «Io, poiché la decisione così è mutata, io stesso la imprigionai e in persona voglio liberarla. Ho paura che la cosa migliore sia terminare la propria vita osservando le leggi stabilite» (vv. 1113-1114), la sua solitudine è totale, perché «le leggi stabilite» sono quelle di Antigone, non le sue.

Antigone, al contrario, non è sola. Ha con sé il suo promesso sposo, i cittadini di Tebe, il coro. Andrzej Wajda aveva colto questo consenso sociale per la figura dell'oppositore, chiamando a raccolta attorno ad Antigone, come si è già ricordato, i protagonisti di battaglie di libertà nella società polacca. Nella sua trasposizione, a differenza del testo di Sofocle, Antigone è il nuovo diritto, è la modernità.

Non è raro che chi si oppone al potere pubblico conquisti simpatie, apprezzamenti e consensi perché l'opposizione al potere, specie se fatta da altri, è liberatoria. Dimostra la discutibilità del potere, la possibilità di indurlo a riflettere o a prendere misure o a difendersi. Nulla è così esaltante all'occhio dell'oppositore come il potere costretto a ripiegare, a giustificarsi, ad esprimere le ragioni delle proprie scelte che a volte coincidono con le ragioni della propria esistenza.

Creonte, come è accaduto a tanti uomini di governo, comincia con asserzioni nette; poi, di fronte alle obiezioni, sempre più incalzanti, perde la propria sicurezza.

Al coro, dopo che Antigone ha espresso duramente la propria opposizione al bando, risponde orgogliosamente: «Davvero io non sono un uomo, ma l'uomo è costei se questa audacia le rimarrà impunita» (vv. 484-485).

Il tema uomo/donna è ripreso in un passo del duro scontro con Antigone: «ma mentre vivo, mai donna comanderà» (v. 525; trad. Romagnoli, come tutti i passi di questa pagina) e poi in una ingiunzione al figlio Emone, ammonito a non «uscire di senno per piacer di femmina» (vv. 648-649). E a Ismene che gli chiede «La sposa di tuo figlio ucciderai?», Creonte risponde con un'alzata di spalle: «Altri solchi ci sono e arar si possono» (vv. 568-569). E poi dirà: «Meglio se proprio si deve, cadere per mani di un uomo; e non saremo chiamati più deboli che donne» (vv. 677-680).

Poi comincia a vacillare e ne sono prova gli interrogativi retorici che si susseguono. Al coro che gli suggerisce di seguire i consigli del figlio chiede: «All'età mia da un giovine dovrò quindi apprendere a far senno?» (vv. 726-727); e più avanti «A me dirà ciò ch'io far debbo, il popolo?» (v. 734); a Emone «Io regnar devo, o deve altri per me?» (v. 736). La terribile profezia di Tiresia lo mette in un vicolo cieco al quale cerca di sfuggire accusando l'indovino: «anche i più furbi degli uomini, vecchio Tiresia, turpemente cadono, quando l'induce a turpi detti il lucro» (vv. 1045-1047). Ma è sempre più solo e infine pone al corifeo la domanda cruciale «a cedere mi esorti?» (v. 1102).

Man mano che la vicenda si snoda, scompare la causa prima della tragedia, il tradimento di Polinice, l'avere mosso le armi contro la patria. Sofocle si dimostra un raffinato conoscitore delle dinamiche dei conflitti politici. È proprio dei conflitti politici guadagnare autonomia rispetto alle cause che li hanno determinati e giustificarsi per il fatto stesso di esistere. Perciò nel corso del conflitto politico bisogna sempre ricordarne la causa, altrimenti il conflitto stesso trova altre motivazioni e diventa impossibile risolverlo razionalmente. La sconfitta di Creonte è infatti sancita quando nessuno ricorda più il crimine di Polinice e la contesa si astrae quindi dalle ragioni che l'hanno determinata. Non si discute più sul diritto di un traditore ad avere sepoltura; si discute se sia giusto mandare a morte una giovane donna, che a quella sepoltura ha provveduto. La *pietas* prende il posto della legge.

«Germania in autunno»

Nel 1978 fu proiettato nelle sale cinematografiche un film tedesco a episodi, *Germania in autunno*, che intendeva rappresentare, e lo faceva benissimo, il clima di sospetto e di paura che attraversava la Germania negli anni del terrorismo. Uno degli episodi, con la regia di Volker Schlöndorff, metteva in scena la discussione del comitato di redazione di una rete televisiva sull'opportunità di trasmettere una edizione dell'*Antigone* di Sofocle, mentre nel paese infuriavano le polemiche sui funerali di tre militanti della Raf (Rote Armee Fraktion) suicidi in carcere. Nonostante il considerevole investimento economico, la redazione decideva di rinviare la trasmissione a data indeterminata. Perché quel regista ha ritenuto di poter descrivere il clima del suo paese negli anni del terrorismo, incentrando la trama attorno al rischio che Antigone potesse apparire una giustificazione del terrorismo?

La decisione del comitato di redazione appare frutto di due ambiguità che si intrecciano l'una all'altra. La prima riguarda il rapporto tra l'opinione pubblica e il terrorismo della Raf. Si può temere che l'opinione pubblica possa guardare ai terroristi come sostenitori di un principio morale superiore a quello dello Stato solo se manca un'analisi rigorosa di quel terrorismo, delle sue finalità, dei suoi mezzi. Si opponevano allo Stato, ma in nome di quale altro Stato? Uccidevano, rapinavano e sequestravano, ma Antigone non uccideva, non rapinava, non sequestrava.

La seconda ambiguità riguardava il comportamento delle autorità pubbliche. Quei suicidi destarono gravi dubbi, determinati soprattutto dal fatto che le autorità della prigione nella quale i tre erano rinchiusi erano al corrente delle intenzioni suicide, attraverso il controllo delle conversazioni; ma nulla avevano fatto per impedire la realizzazione del progetto di autoannientamento. Due dei tre, inoltre, si erano suicidati con un colpo di pistola e le pistole, si scoprì successivamente, erano state portate in carcere da un loro avvocato. Come era stato possibile che nel carcere più sicuro della Repubblica federale tedesca entrassero due pistole? Evidentemente il dilemma di quel comitato di redazione non riguardava tanto i terroristi quanto i dubbi sulla correttezza del comportamento delle autorità pubbliche. In definitiva, il problema non era costituito dalla figura di Antigone, ma dalla figura di Creonte alla quale poteva essere assimilato il comportamento delle autorità pubbliche. Per converso sarebbe stato possibile assimilare il suicidio dei tre terroristi a quello di Antigone e quindi la contestazione del potere politico fatta da Antigone a quella della Raf. Creonte di fronte alla prima contestazione ha un atteggiamento di sufficienza, di totale superiorità. Come quello che sembra avessero avuto le autorità tedesche. Ma di fronte alla critica documentata il titolare del potere pubblico non può permettersi errori, trascuratezze, ambiguità, sottovalutazioni e neanche sopravvalutazioni. L'opinione pubblica nei regimi democratici è sempre attenta agli errori del potere, perché essi possono essere frutto o fonte di abusi a danno dei cittadini. Se constata l'errore, passa a considerare positivamente il comportamento dell'antagonista.

Nella vicenda narrata dal film il dubbio nasce non dal rischio della diretta assimilazione dei terroristi ad Antigone, quanto dalla facile assimilazione delle autorità pubbliche tedesche a Creonte e di qui a un successivo parallelo tra i terroristi suicidi e la suicida Antigone.

Diritto contro diritto

Come la legge e la sua contestazione non sono scindibili l'una dall'altra, così non sono separabili Creonte e Antigone. Per una sorta di emotiva manipolazione letteraria Antigone è stata resa autosufficiente e autonoma da Creonte. Ma non è così. Lo scontro, infatti, nella tragedia di Sofocle, non è tra una ragione e il resto del mondo, o tra una ragione e un torto. Lo scrisse Beniamino Placido in uno straordinario articolo pubblicato sulla «Repubblica» del 2 aprile 1985, richiamando Hegel: il conflitto è tra due ragioni «Recht gegen Recht». La ragione di Creonte, «con queste leggi farò crescere la città», non è in astratto meno valida dell'altra: «I tuoi bandi io non credei che tanta forza avessero da far sì che le leggi dei celesti non scritte e incrollabili potesse soverchiare un mortale».

Perché la ragione di Creonte, se si eccettuano Hegel e pochi altri, annega progressivamente nel pozzo di un'ottusa prepotenza?

Viene in gioco la doppiezza del rapporto dell'oppositore con il responsabile del governo.

Tra le contraddizioni e le mediazioni quotidiane dell'uomo di governo e la lineare certezza del suo oppositore, l'immaginazione è certamente attratta da quest'ultimo. Il primo appare eternamente in bilico tra la necessità, la possibilità e l'opportunità; il secondo mostra sfolgoranti certezze e lineari soluzioni. Il primo appare propenso all'arbitrio, il secondo rivendica la giustizia. Il primo deve muoversi in labirinti dove vagano Minotauri; il secondo ha davanti a sé una strada diritta e sgombra. Nei confronti dell'antagonista può scattare un sentimento di identificazione; è difficile invece che questo sentimento raggiunga l'uomo di governo. L'oppositore commuove per la sua generosità, perché si batte visibilmente per un mondo migliore; il suo dramma, i suoi rischi, il suo impegno commuovono. Il potere non è sempre sfavillante, spesso è incoerente; può essere macchiato di fango, è incline al negoziato e rifugge dal puritanesimo che attira, per la sua luminosa irresponsabilità, molti fans degli oppositori. Ma è solo nell'esercizio del potere che si è in grado di valutare gli uomini: «Possibile non è conoscere l'anima di ciascun uomo, l'indole e il pensiero, se nel governo pria, se nelle leggi non sia visto alla prova» (vv. 175-177; trad. Romagnoli), dice Creonte nella sua prima interlocuzione con il coro. L'intransigenza che confonde la sterilità con la verginità e che disdegna la necessità della negoziazione, vede in Antigone un testimone eccellente. Questo atteggiamento, molto diffuso nei regimi democratici, dove, per ragionevoli motivi, l'opposizione ha precise garanzie, a volte più del governo, è frutto di una visione deresponsabilizzata e deresponsabilizzante dei problemi della comunità, i cui esponenti non raramente propongono soluzioni senza conoscere i problemi.

Non a caso, in tempi recenti, nella vicenda italiana, alla critica intransigente nei confronti della maggioranza politica e del governo si è accompagnata l'irrisione del sapere e della conoscenza, come frutto di intrighi con i diversi centri di potere finanziario, economico, farmaceutico. Tuttavia maggiore del rischio di una opposizione non responsabile è l'assenza dell'opposizione. Perché la democrazia sia forte, il governo ha bisogno di una opposizione e quest'ultima, naturalmente, ha bisogno di un governo al quale opporsi. Antigone può essere se stessa solo grazie a Creonte: la coppia è inscindibile. Creonte senza Antigone è un tiranno che confonde se stesso con la città. Antigone senza Creonte è una suffragetta. Chi non considera le dinamiche e i conflitti del potere non entra neanche nel cuore delle ragioni del dissenso. Creonte costringe a considerare i problemi del governo e del potere e a cogliere l'effetto dissolutore della *polis* che la pretesa di Antigone contiene.

Sofocle ha scelto una donna per esprimere il dissenso nei confronti del potere. Una donna nella Tebe di Creonte come nell'Atene di Sofocle non ha soggettività giuridica, né politica; tuttavia è un attore sociale, reso tale dalla forza del presupposto della sua pretesa. Il suo dissenso è politico; non è violento se non verso la propria persona. Se Antigone fosse armata si collocherebbe in tutt'altra dimensione. Polinice è invece il simbolo della violenza armata; anche lui è contro le leggi della città, ma a differenza della sorella, la violenza non è su se stesso, è contro la città e i suoi abitanti. «L'esule che tornò, che il patrio suolo distruggere volea col fuoco e i Numi aviti, che del sangue fraterno abbeverarsi volea, e trarre gli altri in servitù», dice Creonte (vv. 198-202; trad. Romagnoli). Se la Rote Armee Fraktion o le Brigate Rosse cercavano un autorevole antenato, avrebbero potuto trovarlo in Polinice, non in Antigone. Perché è Polinice che usa le armi contro il proprio paese.

La contestazione necessaria

Creonte, quindi, non è separabile da Antigone e viceversa. La legge non è separabile dalla sua contestazione e la contestazione ha bisogno della legge come oggetto della propria critica. Gli ordinamenti giuridici progrediscono attraverso una continua tensione tra la legge e la sua negazione. Ogni applicazione della legge mette a rischio la sua esistenza. Ed ogni contestazione della legge ne mette in luce l'operatività in quell'istante. L'interprete, quando cerca la regola per il caso concreto che ha davanti, saggia tutte le possibilità applicative della legge e le bilancia tanto con la possibilità della non applicazione al caso concreto, quanto con la sua radicale negazione. Il Parlamento, quando approva una legge, cancella contemporaneamente le leggi precedenti che regolavano lo stesso caso, dopo averne accertato i limiti. Il diritto che non riconosce il valore creativo della contestazione alla legge non progredisce, è statico. Le nuove leggi nascono dalle ceneri di quelle precedenti. Ciò che rende superata una legge e induce al cambiamento è proprio la sua critica. Questa critica può fondarsi anche su un principio morale diverso da quello che fonda la legge.

Massimo Cacciari [2007] sostiene che il conflitto tra Creonte e Antigone non si svolge nella sfera del diritto, dell'etica o della politica perché Antigone non rivendica né un nuovo diritto né un nuovo ordine politico. Antigone è altro rispetto alla politica, al dritto e alla politica; non vuole riformare i poteri di Creonte. Si muove in una sfera diversa. Proprio per questo il comportamento di Antigone svela la nascosta fragilità del potere che nulla può di fronte a chi rifiuta ogni mediazione.

Tuttavia, seppure inconsapevolmente, Antigone con la sua contestazione propone un nuovo modello di ordinamento, una nuova gerarchia delle fonti, una nuova costituzione della città, fondata sui *nomoi* degli dei e non sulle leggi degli uomini. A Creonte, che rispondendo a Tiresia avverte che non lascerà seppellire il corpo di Polinice «neppure se volessero le aquile di Giove le sue carni predar recarle innanzi al trono del gran dio; neppure allora per evitar tanta sozzura il corpo seppellire lascerò» (vv. 1040-1044; trad. Romagnoli), la ragazza aveva risposto freddamente contestando il primato del suo bando sulle leggi immutabili. E alla fine Creonte concluderà «Temo infatti che il meglio sia compiere la vita custodendo le leggi dei padri» [Cacciari 2007]. Creonte decide per una nuova gerarchia delle fonti: prima «le leggi dei padri» e poi i suoi decreti. Proprio questa conclusione mostra come l'atteggiamento di Antigone diventi di per sé fonte di diritto per la città di Tebe.

Evidentemente Sofocle parteggia per la conservazione delle antiche usanze, contro la modernità della città-stato, che Creonte propone e cerca di difendere sino all'ultimo.

Chi si oppone a una legge in nome di un principio asseritamente superiore può certamente difendere una propria visione dei valori in giuoco senza finalità ulteriori; ma quella opposizione, per il fatto stesso di essere proposta, e quindi discussa, entra nella sfera pubblica ed è quindi inevitabilmente destinata a incidere sull'ordine della *polis* e sulle leggi che regolano la sua vita.

Quando vince Antigone

Il conflitto tra diritti dei cittadini e norme dello Stato è una costante di ogni comunità organizzata. Gli ordinamenti giuridici vivono in continua tensione tra il presente e il futuro, tra il bisogno della certezza e il parallelo bisogno di nuovo diritto per adeguarsi alle nuove esigenze, per cancellare ciò che si è rivelato dannoso, per recepire spinte che si manifestano nella società. Gli ordinamenti giuridici non sono mai prodotti finiti, sono in permanente trasformazione. Per l'evoluzione scientifica, per il mutamento dei costumi, per i cambiamenti sociali e di maggioranze politiche, per le influenze che provengono dalle fonti più disparate nascono nuovi bisogni, crescono nuovi ceti sociali, si esigono nuove risposte.

A volte sono proprio le Antigoni, coloro che pongono senza violenza nuovi valori ideali all'attenzione della società e, talvolta, del mondo, a produrre nuovo diritto.

La vicenda più significativa in Occidente è costituita dal primo processo di Norimberga contro i maggiori responsabili degli orrori del Terzo Reich. Il ruolo di Antigone, sostenitrice di valori morali superiori alla legge positiva, era esercitato dalle potenze vincitrici della seconda guerra mondiale. Il ruolo di Creonte, il cieco potere dello Stato, era rivestito dagli accusati che dello Stato nazista erano stati tra i principali responsabili e sostenitori. Gli imputati avevano certamente obbedito alle leggi del proprio paese. E tuttavia, sostenevano i vincitori, esistono principi universali e assolutamente prevalenti che riguardano il rispetto della dignità umana che nessuna autorità politica può schiacciare. Se gli accusatori avessero dovuto ricostruire la catena del comando, senza possibilità di disobbedire ad ordini criminali, sarebbero risaliti ad Hitler, un solo colpevole, peraltro morto suicida. E quindi occorreva determinare il margine di autonomia dei singoli gerarchi, il loro ruolo specifico, la possibilità di disobbedire agli ordini.

Nel corso del processo fu presentato il caso del generale Burger, aiutante di Himmler, che si rifiutò di autorizzare l'esecuzione di 5.000 prigionieri: «Sono un soldato, disse, non un assassino: mi rifiuto di eseguire quest'ordine.». Gli esempi di questo tipo furono rari; ma il fatto stesso che si potesse disobbedire a tali ordini significava che l'obbedienza poteva avere un limite anche nel Terzo Reich [Castellani 2015, 48].

L'accusa tuttavia non fu lineare.

Furono esclusi alcuni grandi industriali che pure avevano sostenuto potentemente il regime nazista e si erano avvalsi della manodopera schiavizzata dei prigionieri dei lager. Il caso più eclatante fu forse quello di Gustav Krupp, il «re dei cannoni»: venne dichiarato mentalmente incapace e quindi fu sottratto al giudizio.

Inoltre alcuni dei paesi vincitori avevano trattenuto normali relazioni diplomatiche con la Germania sino alla dichiarazione di guerra, vale a dire mentre il nazismo commetteva i crimini per i quali era sotto processo.

Tra i paesi giudicanti c'era l'Unione Sovietica che aveva firmato con la Germania il 3 agosto1939, una settimana prima dell'inizio della guerra, un patto di non aggressione reciproca. Nel corso del processo risultò che il patto conteneva una clausola segreta in base alla quale i sei Stati collocati tra Germania e Unione Sovietica venivano divisi tra le due potenze. Il presidente del tribunale vietò all'avvocato Alfred Seidl, difensore del vice-Führer Rudolf Hess, di esporre le implicazioni dell'accordo aggiuntivo, che rendeva evidente come almeno una delle potenze giudicanti si era impegnata a prender parte a una guerra offensiva, quella contro la Polonia, compresa nell'atto di accusa.

Nessuna Antigone è mai totalmente pura; questo non diminuisce i suoi meriti ma costringe gli interpreti ad atteggiamenti più realistici.

Tuttavia quei processi avviarono una svolta di grande importanza per la tutela dei diritti umani e per lo sviluppo dei diritto penale internazionale. La Commissione del diritto internazionale, che agisce su richiesta dell'Assemblea Generale delle Nazioni Unite, produsse infatti nel 1950 il rapporto *Principi di diritto internazionale riconosciuti nel Capitolo del Tribunale di Norimberga e nei giudizi del tribunale* [Yearbook of the International Law Commission 1950]. L'influenza di Norimberga si può anche vedere nella istituzione della Corte penale internazionale permanente e nella stesura dei codici penali internazionali.

Regolare il conflitto

Negli ultimi decenni, per l'espandersi dei valori della democrazia, per la consapevolezza da parte di ciascuno del significato vitale della propria individualità e per effetto di una lettura delle libertà costituzionali come illimitate e in continua espansione, nelle democrazie avanzate abbiamo assistito a una più forte rivendicazione di diritti soggettivi nei confronti dello Stato. Si è assistito, inoltre, al delinearsi di nuove istanze alle quali si conferisce, a volte superficialmente, lo statuto di diritti: diritto alla pace, allo sviluppo, all'ambiente, alla riservatezza, a morire con dignità, all'integrità del patrimonio genetico e così via. I diritti si evolvono e si sviluppano man mano che cresce la rivendicazione sociale e politica di pretese individuali e collettive che si connettono alla piena espansione della personalità umana. Il diritto a vivere in ambiente non inquinato, il diritto a parlare la propria lingua madre, il diritto ad accedere a internet, fanno parte della evoluzione dei principi democratici e si propagano con grande rapidità, grazie alla rete, in tutto il mondo. L'espandersi potenzialmente illimitato della categoria dei diritti dipende dal fatto che la teoria dei diritti è priva dei criteri della autoregolazione, ha un'intima progressiva voracità, non possiede la coscienza del limite e non si preoccupa della necessità di regolare anche gli effetti diretti e indiretti delle innovazioni. Ma quando il diritto rivendicato ha una sua fondatezza scientifica e costituzionale forse la non sopravvalutazione delle eventuali conseguenze negative è un bene perché, altrimenti, prevarrebbe la preoccupazione per le conseguenze rispetto al carattere dirompente di nuove acquisizioni democratiche.

In tempi più recenti la rivendicazione di nuovi diritti si è accompagnata a un forte soggettivismo antagonista determinato dalla pregiudiziale diffidenza nei confronti del potere, del sapere, della conoscenza e della esperienza in qualsiasi campo. Il sapere è spesso presentato alla opinione pubblica, specie sulla rete, come l'artificio di una élite che sotto la pretesa della scientificità nasconde la verità ai cittadini, coltiva solo i propri interessi, è strumento di gruppi di potere della più diversa natura, copre infine le politiche dei governi dannose per i cittadini. Coloro che si riconoscono in queste posizioni, i contrari ai vaccini, ad esempio, rivendicano, come Antigone, la forza di un principio superiore, la libertà di cura, contro le leggi dello Stato-Creonte. Essi non considerano né i danni che potrebbero subire i loro figli per la mancata somministrazione del vaccino, né i rischi ai quali espongono altri bambini. La loro pretesa è assoluta, sciolta da qualsiasi principio di responsabilità.

Gli ordinamenti moderni cercano di regolare in quattro distinti modi il conflitto tra l'obbedienza alla legge e il superamento della legge in nome di un principio asseritamente superiore.

La prima strada è costituita dal prudente riconoscimento della obiezione di coscienza, che riguarda la non vincolatività della legge nei confronti del singolo che si trincera dietro un principio morale contrapposto a quello che sostiene la legge, ma dalla stessa legge riconosciuto come compatibile. In Italia è riconosciuta nei confronti dell'interruzione volontaria della gravidanza. Ha un valore individuale e non deve essere esercitata in modo da mettere in crisi l'applicazione generale della legge.

L'eccezione di costituzionalità è la seconda strada. Gli ordinamenti democratici fissano nelle proprie costituzioni i principi di fondo cui devono ispirarsi le leggi che regolano la vita della comunità nazionale. Se una legge sembra contravvenire a questi principi è possibile ricorrere a un giudice terzo, la Corte costituzionale, che stabilirà se quella legge è valida o se, invece, viola un principio costituzionale e quindi, in tal caso, se debba essere emendata o cancellata dall'ordinamento. È questo un modo per sanzionare gli abusi o i ritardi delle maggioranze parlamentari rispetto alle evoluzioni sociali e per adeguare le leggi ai principi riconosciuti in ciascun paese come fondamentali. È la conferma che il progresso civile di un paese non può prescindere dalla consapevolezza della transitorietà delle leggi e dall'attento esame delle critiche alla loro capacità di rispondere ai principi fondamentali dell'ordinamento e alle esigenze della società.

Una terza via, è la negoziazione. Un caso classico fu costituito dalla legge sul divorzio. La parte prevalente del mondo cattolico appariva contraria, soprattutto nelle gerarchie religiose. Il mondo laico e un'altra parte del mondo cattolico, i cosiddetti cattolici democratici, erano favorevoli. Poiché, nel mondo parlamentare, in quel tempo, prevaleva il principio del conseguire l'obiettivo non dell'umiliare l'avversario, si decise di approvare prima la legge che permetteva il referendum abrogativo e poi la legge che introduceva il divorzio. Così fu fatto e l'Italia ebbe il divorzio.

Una quarta via, pragmatica, è la trattativa con i dissenzienti al fine di trovare una via d'uscita consensuale che prevenga il conflitto o lo chiuda senza costi eccessivi per le parti e comunque con un utile generale.

Il conflitto tra Antigone e Creonte, proprio perché tra due assoluti, può essere mortale per entrambi. Creonte non può negoziare con Antigone perché lei rifiuta ogni forma di mediazione e lui non ha vie d'uscita al di là della imposizione o della resa. Non c'è una Atena, come nelle *Eumenidi*, che possa scegliere tra i due principi in conflitto. Nessun oracolo ha vaticinato il destino dei due protagonisti, Apollo non è interessato alla soluzione del conflitto. Né è instaurata in Tebe una Corte, capace di determinare l'equilibrio tra la *lex* e lo *ius*.

Uno dei due protagonisti è di troppo. E la tragedia si compie.

A due voci

III.

Conflitti tragici, conflitti giuridici

D.A. e A.B. *La tragedia mette in scena un conflitto estremo, senza giungere ad offrire un criterio per la composizione degli opposti. In «Antigone», questa struttura è emblematicamente rappresentata: entrambi i protagonisti hanno ragione e, tuttavia, entrambi mostrano una posizione intransigente che produce morte e distruzione.*

Lo scontro è fatale. Che cosa rende inevitabile il conflitto?

L.V. Le tragedie ci mettono di fronte a due tipi di conflitti, ciascuno dei quali richiamerebbe oggi una specifica forma di giudizio. Edipo deve scoprire l'autore di un crimine, deve sciogliere un mistero. Interroga, minaccia prima con la sicurezza del giudice, poi in un crescendo drammatico con l'inquietudine di chi si scopre omicida. Alla fine il re-giudice assegna a se stesso la pena e si acceca.

In *Antigone* il conflitto è tra due valori. Non c'è una responsabilità da identificare. Servirebbe invece un parametro, un criterio alla luce del quale stabilire quale dei valori debba prevalere o come rendere conciliabili i due valori in conflitto.

In *Antigone* il modello è quello del processo costituzionale. Qual è tra le due norme in conflitto quella giusta? La *lex* che tutela l'ordine nella città, oppure lo *ius* che rievoca antichi riti religiosi? Ancora: dev'essere prevalente il vincolo che nasce dalla *polis* o quello che si radica nella famiglia? Nell'Atene del V secolo è in corso un processo di modernizzazione che vede progressivamente prevalere i vincoli cittadini su quelli familiari. Ma gli antichi vincoli hanno ancora un peso come risulta dal coro che sembra progressivamente parteggiare per lo *ius*.

Il processo penale in tutte le sue innumerevoli varianti ha forse la stessa età delle prime comunità umane, quando si rivelò necessario stabilire le regole della non aggressione e i principi per la ricerca dei colpevoli quando quelle regole erano state violate.

Il processo costituzionale, quello che riguarda la conformità di una legge ai principi superiori dell'ordinamento, non solo è la più recente invenzione della intelligenza giuridica, ma nasce nella sua completezza non per investitura di un Parlamento, ma per autoattribuzione. Perché chi confeziona la legge preferisce non avere giudici sopra le proprie spalle.

Nel 1803, la Corte suprema degli Stati Uniti nella sentenza *Marbury versus Madison* si autoattribuì il potere di giudicare della costituzionalità delle leggi approvate dal Congresso: se il Congresso potesse con una propria legge modificare la Costituzione, scrissero quei giudici, sarebbe inutile avere una Costituzione, perché il Parlamento potrebbe modificarla in qualsiasi momento. Nel 1956 toccò alla Corte costituzionale italiana, con la sentenza n. 1, liquidare in undici brevi righe la pretesa del governo dell'epoca che voleva confinare la sua competenza solo alle leggi successive alla sua istituzione.

Quando manca chi possa decidere tra due valori in conflitto è inevitabile il cedimento di uno dei contendenti o di entrambi. A Tebe manca chi potrebbe sciogliere il nodo e nessuno dei contendenti è in grado di farlo perché Sofocle non ha ancora deciso da che parte stare.

M.C. Le corti e i tribunali hanno il compito di comporre i conflitti, anche quando non sia possibile risolverli, alla luce del diritto. Non di rado, però, il diritto non ha risposte chiare e univoche, le tensioni in campo si fanno laceranti e il giudice si trova davanti a *hard cases*, se non a *tragic cases*. Nelle società contemporanee, multiculturali, frammentate, plurali e carenti di un sostrato comune di valori condivisi, i contrasti si moltiplicano e si enfatizzano, soprattutto sul piano dei valori. Quale ruolo può svolgere il diritto nella gestione di tali conflitti, sì da consentire una buona convivenza fra diversi, scongiurando l'inevitabile collisione di visioni unilaterali, che – come la tragedia mostra – oltre ad essere autodistruttiva per i protagonisti, travolge ogni relazione umana?

Nel passaggio da società culturalmente omogenee a società plurali, si è tentato di disinnescare lo scontro attraverso una legislazione «neutrale» dal punto di vista degli orientamenti etici, rimuovendo vincoli e divieti basati su valori morali, aprendo spazi sempre più ampi al diritto di autodeterminazione di ciascuno. Si tratta di un progresso di grande momento, che pone al centro la libertà della persona. Eppure tali sviluppi non sono stati sufficienti a evitare rotture, tensioni, estraneità, paure e diffidenze tra i singoli e tra i gruppi. Le leggi permissive, per esempio in materia di divorzio, aborto, procreazione medicalmente assistita, scelte di fine vita, seguitano a essere problematiche e mostrano il persistere di visioni del mondo contrapposte, non gestibili con un semplice arretramento della regolazione. Le istituzioni politiche di norma temporeggiano a lungo prima di intervenire in questi ambiti, lasciano decantare le animosità che si agitano nella coscienza sociale e quando agiscono possono mettere in campo tutte le potenzialità dell'agire politico, vocato alla preziosa arte del compromesso.

Ciò non esclude che le corti si trovino in prima linea davanti ai «casi tragici», dove l'affermazione di un valore sembra comportare l'inevitabile sacrificio di quello in competizione. A differenza del legislatore, le corti non possono governare l'agenda delle loro decisioni e non possono procrastinare o evitare la decisione. Se una controversia è portata alla loro attenzione, esse devono decidere anche in assenza di una specifica legislazione di riferimento: non possono concludere con un *non liquet*. Inoltre, gli strumenti del giudice sono assai più rigidi di quelli della politica e questi è spesso posto di fronte a una scelta binaria, a un *aut-aut*: la vita del feto o la salute della madre; la libertà di cura del paziente o la libertà di coscienza del medico; la libertà religiosa del lavoratore o la libertà di impresa del datore di lavoro.

Eppure, in una piccola preziosa testimonianza [Calabresi 2014], si scopre che anche di fronte alle decisioni più drammatiche le risorse del giudice possono essere assai più ricche e varie di quanto non si pensi a prima vista. Il giudice Calabresi si interroga su quali strade potrebbe percorrere se si trovasse a decidere di un caso punibile con la pena capitale, lui che sul piano morale aborrisce una tale eventualità: il lettore resta stupito a leggere che, a fronte della perentorietà dei toni con cui egli condanna il diritto penale americano che ancora contempla una tale possibilità, non consegue una posizione intransigente e radicale. Non sostiene la necessità di dimettersi come giudice o di rinunciare a priori al caso o di rifugiarsi in una *dissenting opinion*. Non è un'Antigone. Al contrario, mostra un percorso fatto di tentativi e di immaginazione istituzionale, nutrito da una riflessione che raffigura il giudice che «sta sveglio nel cuore della notte» alla ricerca di proposte che scongiurino l'applicazione della pena di morte, da reperirsi in primo luogo all'interno di quello stesso ordinamento legislativo e costituzionale che la prevede: Porzia, forse, più che Antigone [Ascarelli 1960]; un giudice che, per usare un'espressione che abbiamo incontrato con Edipo, assume un «atteggiamento condizionato dal confine», aperto a vagliare tutte le possibilità, in un percorso fatto di coraggio e di pazienza e di «prudenza». Calabresi non si impegna a dettare una linea di condotta valevole sempre e comunque come modello da seguire di fronte a *tragic choices*. Al contrario, alla fine del suo viaggio alla ricerca di una soluzione per il caso che lo dilania, conclude dicendo che in fondo un caso di quel tipo ancora non gli è capitato e non può sapere esattamente in anticipo cosa farà in una tale eventualità.

Delusione? Al contrario. Grande saggezza e grande realismo: la ricomposizione dei valori configgenti difficilmente trova risposta in astratto o sul piano teorico. E tuttavia, ciò che è impossibile da risolvere come «questione di principio», può trovare un ragionevole accomodamento nella pratica, in una *praktische Konkordanz* da cercare situazione per situazionc [Hesse 1999, 28].

Facciamo un esempio tratto da casi presentatisi davanti alle corti e riguardante la libertà religiosa. Alcune pratiche religiose possono inserirsi in modo problematico nell'ordinamento vigente. Così è, ad esempio, della religione sikh che prevede l'obbligo, per gli uomini, di portare sempre con sé un coltello a doppia lama, il *kirpan*. Ovviamente questa pratica religiosa si scontra con le esigenze della sicurezza. Quale valore deve prevalere? La sicurezza o la libertà religiosa? Quale siamo pronti a sacrificare? Le ragioni della città – la sicurezza, Creonte – o le ragioni della coscienza individuale – il precetto religioso, Antigone? «Non soltanto l'unilateralità dei caratteri ma anche quella dei *principi* morali messi a confronto con la complessità della vita è fonte di conflitti» [Ricoeur 2016, 354].

La Corte di cassazione italiana – con la sentenza n. 24084 del 2017, I sezione penale – ha compiuto la sua scelta tragica, affermando la prevalenza delle ragioni della sicurezza e sacrificando la libertà religiosa dei sikh.

La Corte suprema canadese, in un caso analogo (*Multani versus Commission scolaire Marguerite-Bourgeoys*, 1 S.C.R. 256, 2006 SCC 6), ha percorso invece la strada della *reasonable accomodation*, consentendo al giovane studente sikh di frequentare la scuola portando il *kirpan* cucito in una tasca interna in modo da evitare rischi per l'incolumità sua e della comunità scolastica. In questa linea, ciascuno sacrifica l'integrità della propria pretesa, ma tutti ne escono vincitori e più coesi.

La tragedia non ci prospetta una strada percorribile per la composizione dei conflitti tragici; tuttavia ammonisce e ridesta l'interprete chiamato a reinventare, in ciascuna situazione concreta, una risposta appropriata:

> Rifiutandosi di apportare una «soluzione» ai conflitti che la finzione ha reso insolubili, la tragedia, dopo aver disorientato lo sguardo, condanna l'uomo della *praxis* a riorientare l'azione, a proprio rischio e pericolo, nel senso di una saggezza pratica in situazione che *risponda*, nel migliore dei modi, alla saggezza tragica [Ricoeur 2016, 352].

È il suggerimento che proviene anche dal coro dell'*Antigone* al termine del celeberrimo primo stasimo (vv. 332 ss.). Così mirabili sono l'uomo e le cose umane che il verso 376 invita implicitamente a guardarle con stupore, a considerarle da entrambi i lati (*amphinoo*), dando voce a un'esigenza di apertura alla comprensione sia della loro complessità, che tanto Antigone quanto Creonte ignorano, sia delle ragioni unilaterali che si fanno valere [Zagrebelsky 2002, 28].

IV.

Le leggi cambiano, la loro interpretazione evolve

D.A. e A.B. *Nella tessitura delle due tragedie si delinea la tensione tra antico e nuovo, tradizione e innovazione, scontro fra generazioni. Sul piano più strettamente giuridico, l'opposizione tra un'antica giustizia e una giustizia nuova è celebrata nell'«Orestea», nella trasformazione delle Erinni in Eumenidi. Anche Antigone si sacrifica in nome delle antiche leggi non scritte, mentre Creonte difende la legge positiva della città. Se la giustizia esprime principi universalmente validi, come si concilia la spinta evolutiva dell'ordinamento giuridico con la pretesa che la norma positiva indichi il giusto comportamento? Dove si radica il dinamismo dell'ordine giuridico?*

M.C. Per essere fedele a se stesso, l'ordinamento deve recare in sé un'apertura e una spinta alla trasformazione, perché il diritto positivo è essenzialmente espressione storica di una determinata comunità politica. È risposta a bisogni che mutano nel tempo. È ricerca di un ordine e di una coesione sociale che deve continuamente riscoprirsi. È reazione a sfide mutevoli e sempre nuove. Dalla sua relatività scaturisce il suo carattere intrinsecamente dinamico: le leggi cambiano, la loro interpretazione evolve, le loro potenzialità applicative sono aperte a implicazioni sempre nuove. La legge è un corpo vivente: esso preserva la sua identità anche se la singola cellula che lo compone è soggetta a un incessante processo di cambiamento, di decadenza e di rinnovamento.

La struttura complessa del diritto – tutto teso tra giustizia, legge positiva e vita sociale [Cartabia 2016] – ha radici antichissime: tra i filosofi, Eraclito parla di *nomos* divino e dice che tutti i *nomoi* umani sono «nutriti da lui» (fr. 114) [De Romilly 2005, 29-30]. *Nomoi* umani: il termine viene usato al plurale, a indicare la pluralità delle sue espressioni nel tempo e nello spazio, cioè la sua relatività in rapporto al contesto.

Questo carattere di relatività della legge umana è sorprendentemente espresso da un insospettabile testimone, che nella reputazione comune è considerato invece un tradizionalista o, meglio, un conservatore. Nel libro *Fede, verità, tolleranza. Il cristianesimo e le religioni del mondo*, l'allora cardinale Ratzinger scriveva:

> Una società liberale è una società relativista, solo per questo presupposto essa è in grado di rimanere libera e aperta a un ulteriore cam-

mino. Nell'ambito politico questa concezione ha ampiamente ragione. Non esiste un'opzione politica che sia l'unica giusta [...]. Però anche nella sfera politica con il relativismo totale non se ne viene a capo. V'è dell'ingiustizia che non può mai diventare giustizia (per esempio uccidere innocenti; negare a singoli o gruppi il diritto alla loro dignità umana e a condizioni corrispondenti); v'è giustizia che non può mai diventare ingiustizia [Ratzinger 2005, 122].

E lungo la stessa linea di pensiero, nella enciclica *Spe salvi*, papa Benedetto XVI afferma:

> Se ci fossero strutture che fissassero in modo irrevocabile una determinata – buona – condizione del mondo, sarebbe negata la libertà dell'uomo, e per questo motivo non sarebbero, in definitiva, per nulla strutture buone. [...] la sempre nuova faticosa ricerca di retti ordinamenti per le cose umane è compito di ogni generazione; non è mai compito semplicemente concluso [Ratzinger 2007, parr. 24, 25].

Il fattore dinamizzante dell'ordinamento risiede principalmente in questa polarità tra esigenze universali, eterne e inesauribili di giustizia e leggi positive, parziali, relative e storicamente condizionate. Componenti distinte, eppure in continuo reciproco ascolto. Distinte, giacché, come già si è accennato, quando la legge positiva ambisce a realizzare i valori morali universali, si incammina lungo la china dello Stato etico; ma quando la legge positiva si fa sorda alle esigenze di giustizia, si apre il dramma delle leggi ingiuste, tiranniche. Proprio le due opere da cui muovono queste riflessioni mettono in scena la tragedia che scaturisce dalla incomunicabilità di questi due componenti del diritto.

Che cosa suggeriscono le scelte di Edipo e Creonte, uomini di potere e di governo, di fronte alle tensioni, sopra richiamate, della vita della *polis*?

Benché sia indiscutibilmente un *tyrannos*, come del resto altri eroi e personaggi tragici [Vernant e Vidal-Naquet 1991, 140], Edipo – a differenza di Creonte – non suscita biasimo, antipatia o avversione per come esercita il potere politico e giuridico che gli è affidato [Ehrenberg 2001, 97 ss.]. Se in *Antigone* il *tyrannos* Creonte appare come un despota, giudice inflessibile, sordo ai consigli, sprezzante delle antiche leggi non scritte e insensibile al destino della giovane fanciulla che si immola per amore del fratello e per rispetto delle antiche leggi, viceversa Edipo re non compie soprusi, né alza la mano su alcuno dei suoi concittadini. Egli punisce solo se stesso; e anche quell'atto di violenza è vòlto al bene della città. Pur così diversi, entrambi disprezzano, ignorano, sorvolano sulle leggi antiche, e non tengono conto di una volontà superiore.

Il tema, assai esplicito nell'*Antigone*, si ritrova anche in *Edipo Re*. Giocasta ha un atteggiamento razionale, positivista, potremmo dire, che mette in dubbio il valore degli oracoli, come se fossero superstiziosi condizionamenti: è scettica e sfida apertamente la loro autorità, pensando di poterli dominare. Ma al suo atteggiamento fa da contraltare il coro che celebra le leggi divine in termini non meno eloquenti di quelli di Antigone:

> Possa io avere destino di serbare
> santa purezza di parole
> e di azioni, a cui sono preposte
> leggi sublimi, procreate
> nell'etere celeste, e l'Olimpo
> solo è loro padre;
> non natura mortale di uomini
> le generò, né mai l'oblio
> le sopirà:
> un dio potente è in esse e non invecchia
> (vv. 863-872).

Significativo è il momento della tragedia in cui il coro pronuncia queste parole. Giocasta ha appena invitato Edipo a non curarsi delle parole pronunciate dall'oracolo: «io non terrei conto né di questa né di quella profezia» (vv. 858-859). È qui che il coro interviene a rammentare il valore delle leggi divine, per poi proseguire con l'ammonimento contenuto nel noto verso: «La *hybris* genera il tiranno» (v. 872).

Per scongiurare il rischio che la distanza critica tra legge positiva ed esigenze di giustizia diventi reciproca estraneità e si trasformi in tragedia, nel secondo dopoguerra sono nate le corti costituzionali, come istanza che sottopone a un continuo vaglio critico la «giustezza» delle leggi poste. Esse svolgono a un tempo una funzione di garanzia – custodi dei valori costituzionali, stabili e duraturi – e una funzione dinamizzante dell'ordinamento attraverso l'interpretazione sempre nuova dei principi costituzionali, a contatto con l'evoluzione sociale e le esigenze del caso specifico sottoposto al loro giudizio. Fra i tanti, possiamo fare l'esempio del caso assai eloquente del cognome materno: per molti anni e in numerose occasioni, la Corte costituzionale, pur sollecitata a incidere sulle norme del Codice civile dalle quali si desume il vincolo ad assegnare ai figli il solo cognome paterno, ha ritenuto che non sussistesse alcun precetto costituzionale che imponesse l'annullamento delle disposizioni vigenti per consentire anche l'attribuzione del cognome materno. Alla fine del 2016 invece, con la sentenza n. 286, la Corte costituzionale, prendendo atto del mutamento avvenuto nella coscienza sociale, ha rimosso l'impedimento per i nuovi nati, in nome della eguaglianza fra uomo e donna e in nome del diritto all'identità del bambino.

Ciò che ancora nel 2006 non era ritenuto offensivo dei valori costituzionali, lo è dieci anni più tardi. Dunque le leggi cambiano e l'interpretazione evolve. La prima sede della contestazione delle leggi in vigore è quella politica.

La democrazia porta in sé gli strumenti della critica e perciò della sua evoluzione: maggioranze e minoranze, forze di governo e opposizioni, istituzioni e società civile, legislazione parlamentare e partecipazione popolare diretta. Nell'alveo del diritto costituzionale si possono incanalare i dissensi attraverso una varietà di forme politiche previste e regolate dall'ordinamento. La democrazia non è un regime politico senza conflitti, ma un regime in cui i conflitti sono aperti e negoziabili secondo regole di arbitraggio note. Pierre Vidal-Naquet, nel suo contributo *Edipo tra due città*, ricorda: «I Greci, è una cosa risaputa, hanno inventato l'attività politica. Intendiamo queste parole in senso molto preciso: il mondo umano è normalmente conflittuale e l'attività politica consiste nell'oggettivare questi conflitti senza sperare di risolverli» [Vernant e Vidal-Naquet 1991, 162]. In una società sempre più complessa e plurale i dissensi non diminuiscono: il pluralismo li moltiplica e li amplifica. Non si tratta di un accidente o di una disgrazia, ma di un portato del fatto che il bene comune non è né un dogma assoluto né una verità scientifica: «La discussione politica è priva di conclusione, sebbene essa non sia priva di decisione» [Ricoeur 2016, 364]. E per questo ha bisogno di procedure deliberative che consentano di mettere sempre in discussione le decisioni prese ed eventualmente di revocarle.

Ma la figura di Antigone richiama anche altre forme di contestazione, fondate su ragioni che oscillano tra motivi religiosi o di coscienza e motivi più squisitamente politici. Obiezione di coscienza, diritto di resistenza, disobbedienza civile sono strumenti con cui i singoli mettono in atto comportamenti di intenzionale violazione della legge, in nome di un inconciliabile dissenso con alcuni aspetti dell'ordinamento [Paris 2011]. La prima, l'obiezione di coscienza, è di norma regolata dalla legge; le altre non lo sono ed espongono il soggetto alle reazioni dell'ordinamento per le violazioni delle leggi infrante – come accadeva emblematicamente per i primi obiettori di coscienza al servizio di leva militare obbligatorio.

In ogni caso, il ruolo del singolo, della coscienza individuale nell'innovazione della legge è una forza insostituibile da indirizzare all'interno delle forme previste dall'ordinamento o in polemica con esso, ma solo come *extrema ratio*.

L.V. Il conflitto tra Creonte e Antigone, nella sua complessità, rappresenta alcune delle tensioni che tradizionalmente innervano gli ordinamenti giuridici. Creonte è portatore di una istanza di modernità; Antigone incarna la tradizione. Da un altro punto di vista, il sovrano di Tebe chiede obbedienza alla legge positiva; la giovane donna invoca il primato del diritto naturale, di quelle leggi che non sono scritte perché provengono dagli dei e che perciò sono superiori a quelle proposte dagli uomini. Terzo tipo di conflitto: Creonte deve mantenere un ordine, ma Antigone a quell'ordine non è interessata e si erge a difesa di un proprio diritto di libertà contro l'ordine.

Gli ordinamenti giuridici sono come città, in perenne movimento e in perenne tensione, mai uguali a se stesse, tuttavia dotate di un carattere permanente che le fa riconoscere come tali e differenti da tutte le altre città. Le città prive di tensioni, di conflitti, sono città morte, come quelle di alcuni film western, abbandonate perché la vecchia miniera ha smesso di funzionare. Gli ordinamenti giuridici privi di tensioni sono mummificati e sarebbe un pessimo augurio auspicare per loro la fine delle tensioni.

Nella storia degli ordinamenti, come nella storia delle città e dei popoli, si tende a far coincidere il cambiamento con il progresso, la modernità, intesa come rottura rispetto al passato, con un di più di civiltà. Ma non sempre è stato così. Abbiamo conosciuto, in Europa, ma non solo in Europa, un modernismo nemico delle libertà e dei diritti fondamentali dell'uomo. I regimi autoritari della prima metà del Novecento erano certamente portatori di una istanza di modernizzazione e furono a loro modo innovatori. Tuttavia quella modernizzazione aveva un contenuto gravemente illiberale, era una modernizzazione reazionaria.

Sono perciò d'accordo con te quando individui il fattore dinamizzante dell'ordinamento nella polarità tra legge e giustizia: tra le norme positive e le esigenze di giustizia che si compendiano nel rispetto della dignità delle persone, in tutti i suoi aspetti. Non è un caso, a mio avviso, che le corti costituzionali nascano in Europa dopo la tragedia della seconda guerra mondiale e proprio in Germania e in Italia, i due paesi che hanno conosciuto la dittatura e leggi positive capaci di offendere indelebilmente la dignità umana. Le corti hanno il compito di guidare l'evoluzione degli ordinamenti giuridici verso principi di equità, ragionevolezza, rispetto dei diritti, adempimento dei doveri. Proprio la presenza delle corti evita che il conflitto tra legge e valori della giustizia sfoci in tensioni che portino alla violenza. Tuttavia le chiavi di risoluzione di questo tipo di conflitti non nascono in seno alle corti. Nascono nelle dinamiche proprie delle società democratiche che animano dibattiti e fanno emergere istanze nuove che possono successivamente essere recepite dalle corti. Non necessariamente opponendosi, come Antigone, all'applicazione della legge in un caso concreto. Sono più spesso decisivi il dibattito civile, l'azione di movimenti o di partiti politici, la presenza del tema nella sfera pubblica. Proprio il caso del cognome della madre, che tu giustamente citi, prova questo circuito virtuoso tra processi culturali che si svolgono nella società, contestazione della legge positiva e decisione della Corte. La voce della società ha un valore determinante anche nell'*Edipo* e nell'*Antigone*; è il coro che in entrambe le tragedie si incarica di rappresentare l'insieme dei cittadini e di dibattere con gli eroi, Edipo, Clitennestra e Creonte, sul tema della tragedia [Vernant e Vidal-Naquet 1976, 15] Ma gli eroi, come spesso i governanti contemporanei, sono troppo sicuri di sé per ascoltare le obiezioni dei cittadini. Questa sicurezza rende Creonte, Edipo e la stessa Clitennestra sordi alle ragioni di Tiresia, che non è sulla scena per vaticinare ma per orientare le loro scelte sulla base della conoscenza e della saggezza. Non c'è spazio per una discussione giuridica, ma è evidente il conflitto tra la ragione sociale e la tradizione eroica. La tragedia esplode per l'inconciliabilità tra questi due valori.

La modernità, consapevole dei rischi, ha costruito, attraverso le regole della democrazia, le procedure anche informali per evitare l'insolubilità del conflitto, nella consapevolezza che una governata dinamicità del diritto è garanzia della sua capacità di esprimere tanto un ordine quanto una civiltà. Ma queste procedure non sono schemi rigidi; devono essere continuamente animate dal dibattito pubblico perché la dinamicità dell'ordinamento è affidata alla forza persuasiva della democrazia prima che alle dinamiche del pensiero giuridico.

V.

Teatro e processo penale

D.A. e A.B. *Esiste un evidente parallelismo fra il teatro e il processo penale. Il banco dei giudici, la forma dell'aula, il posto riservato agli imputati, la toga dei giudici, del pubblico ministero e degli avvocati, il tono spesso diretto alla commozione più che all'analisi, la pronuncia finale preceduta dalla suspense dell'attesa, il giubilo o la protesta alla lettura della decisione, tutto concorre a fare del processo una rappresentazione. Qual è la funzione di questa teatralità nel processo? Quali le sue virtù e quali le sue degenerazioni?*

L.V. L'accertamento della responsabilità per un reato comporta un confronto tra il potere pubblico che conduce l'accertamento e il cittadino accusato. Questo confronto, per essere credibile, dev'essere ritualizzato in ogni sua fase.

Il rito trasfigura in un complesso di regole e di comportamenti la sostanziale brutalità del confronto tra la potenza del sovrano e la fragilità del singolo. Il rito, inoltre, sottrae al sovrano l'onere della giustificazione del proprio operato.

Quando l'istruttoria e il dibattimento erano segreti, la teatralità si riversava sulla esecuzione della pena. La carretta, il palco della impiccagione, della decapitazione, della fustigazione o del fuoco che brucerà il corpo del condannato sono fattori di una teatralità potente. La pubblicità della esecuzione della pena era la rappresentazione della potenza di chi aveva pronunciato la condanna ed esplicava una efficacia ammonitoria indubbiamente rilevante data la violenza delle esecuzioni, resa ancora più temibile dal rito che le accompagnava, il rullo dei tamburi, la veste del boia, l'ultima preghiera che il sacerdote consigliava al condannato. Il moderno sovrano non ha rinunciato al rito, ma ne ha spostato la sede dalla esecuzione della pena al dibattimento tra accusa e difesa quando si raccolgono e si verificano le prove. Attraverso la pubblicità del confronto tra le ragioni dell'accusa e quelle della difesa, il sovrano moderno sottopone al vaglio dell'opinione pubblica i suoi metodi di accertamento della responsabilità.

Al teatro ricorre Amleto per denunciare l'assassinio del padre da parte dello zio. Sugli spalti del castello di Elsinore, Amleto riflette e decide di ricorrere al teatro. A corte sta per arrivare una compagnia di attori. Il principe Amleto la istruirà perché rappresentino una tragedia, *L'assassinio di Gonzalo*, con un passaggio scritto da lui stesso che rivelerà il crimine e renderà pubblico il nome del colpevole. Poi, come sappiamo, il re assassino, infuriato per il presunto oltraggio che quella rappresentazione gli reca, fa sospendere la rappresentazione.

Nel dramma di Shakespeare l'inchiesta sull'omicidio del re Claudio viene condotta non attraverso una corte di giustizia, ma attraverso una compagnia di attori, non attraverso la raccolta di prove, ma attraverso una rappresentazione teatrale della vicenda. La scelta è talmente efficace che il re assassino se ne adonta e impedisce che la rappresentazione si concluda.

Ma non è questo l'unico parallelismo fra teatro e processo.

Si ricorre oggi frequentemente alla rappresentazione di un finto processo per denunciare una tragedia vera: le leggi razziste firmate da Vittorio Emanuele III o l'8 settembre o, ancora, l'uccisione dello zar Nicola II e della sua famiglia. È certamente un modo per richiamare l'attenzione del pubblico su vicende storiche intrise di drammaticità.

Tuttavia inserire una verità, nel meccanismo di una finzione, il finto processo, rischia di aprire un fossato tra la verità che si richiama e il modo di rappresentarla. La verità rischia di essere travolta dalla finzione processuale che domina la scena.

Il dibattito processuale, il dibattimento, per essere credibile, deve essere ritualizzato in ogni sua fase. Il rito trasfigura in un complesso di regole e di comportamenti la sostanziale brutalità della contrapposizione fra l'astratta potenza del giudicante e l'altrettanto astratta fragilità dell'imputato. Le regole del processo sono fatte non per esaltare, ma per spegnere, per sterilizzare la drammaticità extraprocessuale della vicenda e farne emergere gli aspetti esclusivamente giuridici. Quante volte è accaduto di sentire il presidente di un collegio dire a un avvocato eccessivamente retorico: «Avvocato, la prego, non siamo a teatro».

Il falso tribunale non sembra idoneo a ben rappresentare una realtà intensamente tragica. Quando il rito del giudizio arriva sulla scena le ragioni della sua distanza dai sentimenti vengono meno e il falso tribunale appare solo come un gelido contenitore di una verità tragica che appare in qualche modo mummificata. Il teatro ha bisogno della verità e la sua rappresentazione attraverso una finta Corte apre una frattura tra verità e modo di rappresentarla o, più semplicemente, sembra opprimere la verità rappresentata sotto un rito che a quella verità è palesemente estraneo.

Tuttavia c'è un fattore che, al di là della forma, accomuna teatro e processo. In tutti i tempi e in tutte le culture della nostra tradizione, a partire proprio dall'antichità greca, la comunità riunita nel teatro ha potuto riflettere sulla colpa, che costituisce una minaccia costante per l'individuo, per la famiglia e per la comunità più larga [Cascetta 2012, 485 ss.]. La colpa, intesa come attribuibilità di un fatto a una persona, in senso tecnico colpevolezza, costituisce inoltre la ragione stessa del processo che si dipana attraverso regole, decisioni e comportamenti che devono condurre al giudizio finale in modo coerente con lo svolgimento della vicenda processuale.

La colpa degli antichi non è certamente la colpa dei moderni. Ma nel corso dei secoli non è mutato il suo significato di attribuibilità di un fatto a una persona.

Sono invece cambiati i criteri per attribuire quel fatto a una persona. Nell'antica Grecia la colpa è il superamento arrogante dei limiti del giusto, indipendentemente dalla consapevolezza che il singolo abbia della lesività della sua condotta. La violazione del limite comporta la perdita di lucidità, l'accecamento, che in Edipo è oggettivizzata nell'atto di accecarsi e in Creonte e in Antigone nel caparbio insistere sulle proprie posizioni senza avvedersi della rovina che attende entrambi.

È forse con la passione di Gesù che per la prima volta diventa centrale per la colpa la consapevolezza dell'illecito, quando sulla croce egli dice al Padre «Perdona loro perché non sanno quello che fanno».

M.C. Certamente esiste un parallelismo fra il teatro e il processo penale. Nella letteratura, il «processo» è stato frequentemente rappresentato in termini teatrali. Nei *Fratelli Karamazov*, Dostoevskij descrive il giorno del processo a Mitja – accusato peraltro dello stesso delitto di Edipo – come se si trattasse di uno spettacolo teatrale:

> Per l'occasione eran convenuti qui forestieri non solo dal nostro capoluogo di governatorato, ma anche da altre città della Russia, e fin da Mosca e da Pietroburgo. S'eran dati convegno dei giuristi, s'eran date convegno un certo numero di personalità, come pure alcune signore. Tutti i biglietti erano andati a ruba. Per gli ospiti di particolare riguardo e prestigio, si erano allestiti dei posti assolutamente inusitati, dietro la tavola a cui sedeva la corte: là era comparsa una lunga fila di poltrone, occupate da individui diversi, come qui da noi non era mai stato permesso. Specialmente elevato fu il numero raggiunto dalle signore: fra nostrane e di fuorivia, penso addirittura che esse costituissero la metà, per lo meno, del pubblico presente. I soli giuristi accorsi d'ogni parte eran tanti, che non si sapeva neppure dove sistemarli, dato che i biglietti erano stati già tutti distribuiti da un pezzo, cedendo a pressioni e a preghiere [Dostoevskij 2014, 861-862].

La descrizione di Dostoevskij sottolinea la curiosità morbosa del pubblico che si raduna per assistere alla condanna: una curiosità intramontabile, che oggi assume l'aspetto della biasimevole spettacolarizzazione mediatica dei processi più eclatanti. O, ancor più grave, delle anticipazioni mediatiche di processi ancora da celebrare, secondo una prassi ai limiti della vio lazione della presunzione di non colpevolezza. Lo sdegno di fronte a crimini efferati e ripugnanti, a mafie e corruzioni, alimenta una mentalità incline al giustizialismo che, come modalità espressiva, si serve dello scandalo pubblico.

La pubblicità dell'attività giurisdizionale risponde, invero, anche ad esigenze alte e nobili relative all'esercizio del potere e specificamente del potere punitivo: aprire al pubblico lo svolgimento di alcuni fasi del processo è scelta che premia la trasparenza e la responsabilità nell'esercizio del potere in vista dello svolgimento di un «giusto processo» davanti a «un giudice imparziale», come recita l'art. 111 della Costituzione italiana.

Da qui la necessità di calibrare attentamente trasparenza e riservatezza, apertura e segreto, udienza e camera di consiglio, alla ricerca di un equilibrio ben dosato tra momenti processuali da svolgersi in pubblico e fasi, soprattutto quelle decisionali, da porre al riparo dai riflettori.

Storicamente, la «messa in scena» in ambito penale risponde alla più discussa esigenza di denunciare, additare, biasimare, umiliare e stigmatizzare il colpevole e la sua condotta, anche nell'intento di conseguire un effetto deterrente. *Ecce homo*. E a questo scopo, se anticamente era la pena ad essere eseguita in pubblico – gogne, squartamenti, roghi, fustigazioni, impiccagioni, ghigliottine – oggi è il processo e, soprattutto, la pronuncia della sentenza a ricevere l'attenzione dei media. L'esibizione della pena o della condanna rivela il tentativo di scongiurare il ripetersi del male ad opera dell'uomo.

Per questo, tradizionalmente, alla rappresentazione tragica è da sempre stato ricollegato un effetto catartico, esorcizzante, terapeutico. Un rito farmaceutico, simile a quel *pharmakós* praticato nella Grecia dell'epoca di Sofocle, che consisteva nell'espellere dalla città il capro espiatorio, simbolo dell'impurità accumulatasi nella *polis*, proprio come accade a Edipo.

A teatro, mettendo in scena una realtà fittizia, la città riflette. Richiamando gli antichi miti, la tragedia rappresenta al pubblico una realtà travestita e mascherata, che mentre vela svela la realtà presente.

Qual è l'oggetto della riflessione? Qual è la realtà posta al centro della tragedia? Certo la colpa soggettiva che costituisce una minaccia costante per l'individuo, la famiglia, la comunità allargata. Ma forse, più ampiamente, la dimensione tragica dell'esistenza. «La tragedia nasce quando l'uomo scopre che nell'azione teatrale gli è dato di vivere la grande, terribile verità che gli si è rivelata: che la vita umana è un inespiabile dolore» [Del Corno 2012, 8].

Una dimensione tragica che attraversa tanto la vita dell'individuo – rappresentato nella tragedia dall'eroe tragico, sempre avvolto nella solitudine e nell'isolamento – quanto la vita della città – rappresentata dal coro che osserva, commenta, consiglia, freme. La rappresentazione della tragedia all'epoca di Sofocle era un momento politico di grande rilievo e svolgeva una funzione educativa della *polis*, un'occasione di esperienza e di vita collettive. Si potrebbe dire una grande esperienza democratica, posto che la tragedia – come ci è stata tramandata – è un genere letterario che si sviluppa e tramonta parallelamente al fiorire e al decadere della democrazia ad Atene nel V secolo. Nella tragedia a tema è posta l'ordinaria dialettica politica quando tende a degenerare in conflitto, *stasis*, lotta tra fazioni e guerra civile. Rischio sempre presente in ogni democrazia, in ogni tempo. La tragedia rappresenta la vita pubblica in cui la divisione, divenuta minaccia assoluta, si installa nella città ammalata, lacerata dallo scontro dei cittadini fra di loro [Vernant e Vidal-Naquet 1991, 165]. Nella tragedia di Edipo la condizione della città è ritratta in tutte le sue potenzialità: Atene, la città ideale, modello di unità, e Tebe, la città malvagia, violenta, prostrata dal morbo: in definitiva l'anti-città [*ibidem*, 166]. Ed è su questo che la *polis* avverte il bisogno di riflettere, per prendere coscienza, oggettivare, razionalizzare, esorcizzare, scongiurare il germe di male che custodisce in sé, attraverso una rappresentazione scenica che reca l'effetto performativo del rito: una liturgia che celebrando risana.

Dunque, nella visione pubblica del tragico vi sono aspetti benefici, capaci di ridestare le coscienze, di alimentare la riflessione e il discorso pubblico. Eppure in essa si annida anche l'illusione di poter esorcizzare il male semplicemente proclamandolo ad alta voce. Illusione per la *polis*, illusione per le vittime, la cui sete di giustizia non può essere appagata semplicemente esponendo il reo al pubblico ludibrio.

VI.

Pena e riconciliazione

D.A. e A.B. *La sequenza colpa-dolore-pena si ritrova in tutto il teatro greco dell'epoca ed emerge con chiarezza in entrambe le tragedie. Temi senza tempo, problemi di ogni tempo: anche oggi è in corso una profonda riflessione sul potere punitivo dello Stato. Quali spunti offrono sul punto le tragedie di Edipo e Antigone?*

L.V. I tre personaggi, Edipo, Creonte, Antigone, sono portatori di una colpa, soffrono, si puniscono. Edipo si acceca; Antigone si uccide; Creonte, alla fine della tragedia, rimane solo e disperato:

> Via questo insano conducete,
> l'uomo che te contro sua voglia uccise, o
> figlio,
> e te, sposa, oh me misero!
> Lo sguardo a chi dei due volger non so,
> né dove trovi un sostegno:
> ché rovina è tutto a me dintorno,

e sopra il capo mio un destino implacabile
piombò
(vv. 1339-1346; trad. Romagnoli).

Prima della conclusione, nell'*Antigone* la pena minacciata da Creonte alla giovane che si rifiuta di adempiere all'editto è l'isolamento in una caverna. L'isolamento del colpevole in un luogo chiuso come punizione per il reato commesso continua ad essere ancora oggi la regina delle pene in tutto il mondo, anche se esistono molte ragioni che potrebbero indurre a superare questo triste primato.

La modernità ha costruito un sistema di diritti e di facoltà della persona che, nei casi meno gravi, potrebbero ben essere colpiti al posto della libertà personale e del patrimonio; tuttavia sono ancora questi due i beni sui quali si esercita preferibilmente il diritto di punire dello Stato. Non solo per il peso della tradizione. In una fase di dissociazione dei vincoli comunitari che legano un cittadino all'altro e di progressivo passaggio da comunità ampie, sagge e inclusive a circoli ristretti, escludenti e indifferenti al sapere, il diritto penale ha conquistato una non invidiabile centralità nella vita del paese.

La società attuale, così segmentata, non sembra in grado di rispondere alle domande proprie dell'etica pubblica sul buono e sul giusto, sul degno e sull'indegno, sui fini e sui doveri. Appannata l'etica pubblica, che si fonda sul consenso, è emerso il codice penale, che si fonda sulla minaccia, complesso di regole costruite su gerarchie di valori, idonee a dare giudizi di accettabilità o inaccettabilità, di liceità o offensività dei comportamenti. In tale contesto la comminazione e l'applicazione della pena costituiscono il segno visibile della negatività di alcuni comportamenti. Ne deriva una domanda di punizione che dà una risposta sbagliata a una esigenza giusta, quella dei parametri per giudicare la condotta dei cittadini. La punizione per eccellenza è il carcere e, nel contesto che si è determinato, se il legislatore non commina il carcere rischia di apparire debole se non corrivo con il crimine.

Il primato della segregazione attraverso il carcere, inoltre, rende difficile la riconciliazione. Il delitto rompe un rapporto con la società. Attraverso l'esecuzione della pena dovrebbe progressivamente ricostituirsi il rapporto leso attraverso procedure riconciliative. Il sistema sta andando lentamente in questa direzione cercando di evitare la pena quando la lesione sia di entità particolarmente lieve e favorendo forme di conciliazione extraprocessuali. Ma si tratta di soluzioni marginali. Fin quando la segregazione resterà al centro del sistema punitivo sarà difficile trovare uno spazio adeguato alla riconciliazione. Eppure l'antichità ci ha lasciato forme conciliative tra l'offensore e la vittima che evitano il conflitto e il processo e ricostituiscono il legame spezzato dall'offesa. Nella Bibbia, ad esempio, si fa riferimento al *Rib* che è un confronto/scontro tra due parti in causa che cercano di giungere a un accordo (necessario per motivi familiari, di convivenza, vicinato, affari, alleanze politiche ecc.) senza ricorrere a un giudice. Scopo del *Rib* non è emettere una sentenza o applicare una pena, ma ristabilire un rapporto interrotto a causa del torto fatto da una parte all'altra. Sta di fatto che l'asse della pena nel XXI secolo è ancora quella segregazione minacciata da Creonte ad Antigone. Occorre un mutamento culturale per introdurre procedimenti riconciliativi nel diritto penale. Potrebbero avere lo stesso effetto di straordinaria modernizzazione che ebbe nelle *Eumenidi* l'istituzione dell'Areopago da parte di Atena. Ma oggi non c'è un dio che possa risolvere i nostri problemi e sopperire alla nostra stasi intellettuale.

M.C. «La punizione è sempre più grave della colpa», osserva Steiner [2005, 12].

L'affermazione è discussa in una società dove una parte dell'opinione pubblica lamenta il crimine impunito, o troppo scontato, o patteggiato. Certo è che il diritto penale risponde al male con il male, non interrompe quella «catena del male» che la tragedia greca così efficacemente mette in scena. Anche nelle civiltà contemporanee la giustizia è un'espressione di forza. Certo, si tratta una forza necessaria volta allo scopo di garantire sicurezza e ordine, di prevenire il crimine e di sanzionare la responsabilità di chi si è reso colpevole. Eppure, per realizzarsi, la legge paradossalmente, come si è già osservato, «prende qualcosa in prestito dalla violenza che intende combattere» [Ost 2007, 88]. La punizione divide, separa, reclude e perciò genera odio e conflittualità. Ciò vale in particolare per la pena tipica che tuttora campeggia al centro dei sistemi penali contemporanei, vale a dire la reclusione in carcere. Chi entra in carcere, raramente ne esce redento, tanto che le percentuali di recidiva degli ex detenuti sono allarmanti. Nel suo famoso *Discorso alla delegazione dell'Associazione internazionale di diritto penale* del 23 ottobre 2014 papa Francesco afferma:

> Il sistema penale va oltre la sua funzione propriamente sanzionatoria [...], in nome di una finalità preventiva la cui efficacia, fino ad ora, non si è potuto verificare, neppure per le pene più gravi, come la pena di morte. C'è il rischio di non conservare neppure la proporzionalità delle pene, che storicamente riflette la scala di valori tutelati dallo Stato. Si è affievolita la concezione del diritto penale come *ultima ratio*, come ultimo ricorso alla sanzione, limitato ai fatti più gravi contro gli interessi individuali e collettivi più degni di protezione. Si è anche

affievolito il dibattito sulla sostituzione del carcere con altre sanzioni penali alternative [Bergoglio 2014].

Il principio del diritto penale come *ultima ratio* non è solo un valore morale richiamato da un Pontefice, particolarmente incline a valorizzare la misericordia, anche se durissimo con i corrotti [Bergoglio 2013]. La sanzione penale come *extrema ratio* è un principio presente in molti ordinamenti giuridici, implicitamente o esplicitamente. È un invito al legislatore perché non ecceda nella penalizzazione, resistendo agli allarmi sociali alimentati dalle derive emotive che taluni fatti di cronaca agitano nella collettività.

Ma non basta: come si è già accennato, è giunto il momento di riflettere sulla centralità del carcere – come pena tipica – per iniziare a pensare un «sistema plurale della pena» [Epidendio 2015, 260], in cui il carcere non costituisca più il paradigma della pena rispetto al quale sono commisurate tutte le altre forme di afflizione, non a caso dette «misure alternative» (sottinteso: al carcere). In molti casi, i grandi illeciti che si consumano sul piano economico e finanziario, nonché la stessa corruzione sono più efficacemente combattuti con sanzioni che colpiscano la *res* piuttosto che la persona, come i sequestri e le confische; ovvero tramite interdizioni dall'esercizio di determinate professioni. Colpire la proprietà o la vita professionale può essere più efficace e persino più afflittivo di una misura detentiva. Più che alternative, le pene dovrebbero essere «diversificate e adeguate» al tipo di illecito. Adeguate: cioè capaci di ferire «la logica criminale sottesa al comportamento ritenuto degno di sanzione» [*ibidem*].

Occorrerebbe poi riflettere con attenzione sulle condizioni della vita in carcere. Su questo fronte, le esperienze giuridiche sono assai diversificate. In alcuni ordinamenti, la detenzione in carcere è considerata in sé una violazione di un diritto umano, per il semplice fatto che comporta una severa restrizione alla libertà della persona. Certo, una restrizione giustificata da un fine legittimo e, tuttavia, da mantenere entro quanto strettamente necessario per il raggiungimento del fine. In altri ordinamenti, come ad esempio negli Stati Uniti, la condanna in ambito penale comporta invece l'automatica perdita della maggior parte dei diritti fondamentali, i quali sono riservati solo al soggetto leale con le regole del vivere comune. Esemplare da questo punto di vista è l'atteggiamento dell'ordinamento inglese che prevede l'automatica decadenza dai diritti politici – e in particolare dal diritto di voto – per tutti i detenuti in carcere, determinandone, come si è detto, una sorte di «morte civile».

Molta attenzione, negli ultimi anni, si sta prestando alle condizioni fisiche della vita in carcere: spazi, luce, igiene, cibo, divieto di punizioni corporali, lavoro, cure sanitarie e diversi altri aspetti stanno gradualmente migliorando da noi e in molte aree del mondo.

Ma non basta, fortemente problematiche restano le forme di detenzione in isolamento e il carcere a vita, specie quello senza possibilità di revisione della condanna: ergastolo ostativo, «life sentence without parole», «whole life sentence», sono le formule giuridiche che descrivono una condizione di reclusione senza speranza, inesorabilmente destinata ad aver fine solo con la morte del condannato: fine pena *mai*.

Quando la perpetuità della pena è indefettibile, la finalità rieducativa voluta dalla nostra Costituzione, art. 27, ne è frustrata. La persona, pur colpevole, deve essere considerata portatrice di un valore più grande delle sue azioni e «capace di qualcosa d'altro che dei suoi delitti e dei suoi errori», come mirabilmente affermato da Paul Ricoeur [2003, 701-702] e come comprovato da alcune realtà sperimentali in Italia e all'estero.

La società ha bisogno di queste rinascite. Rinascita della persona, rinascita dei legami. La sofferenza del colpevole non restituisce alle vittime e alla società il bene danneggiato [Nussbaum 2017, 18].

Sono stati citati il *Rib*, insieme alle altre forme di giustizia riparativa che si stanno sperimentando anche in Italia, specialmente con i minori. Se la punizione genera una catena dell'odio, la giustizia riparativa si volge alla ricostruzione dei legami interrotti, dei nessi spezzati. «Caino [...] poi divenne costruttore di una città» (Genesi 4, 17). Come osserva Elvio Fassone, l'assassino «ripaga il *malum actionis* non tanto con una sofferenza (*malum passionis*) ma con la riparazione, cioè con il *bonum actionis*. Il male non viene raddoppiato, ma eliso» [2015, 208].

Ma cosa può sprigionare una potenza rigenerativa, ricostruttiva, in luogo della logica della rabbia e del risentimento? Ispirati dall'esperienza della Commissione per la verità e la riconciliazione del Sudafrica del post apartheid, i protagonisti de *Il libro dell'incontro* osservano che a innescare un cambiamento sono stati gli

> incontri, specialmente gli incontri con persone significative e «spiazzanti». Persone che hanno *sovvertito* la logica scontata della mimesi e del colpo restituito e hanno *innovato* per prime la realtà comportandosi all'opposto di ciò che ci si sarebbe attesi: rivolgendosi agli autori dei delitti in modo imprevisto e insperato, riconoscendo in loro umanità e dignità dove tutti vedevano e cercavano mostruosità, pericolo e inimicizia. [Bertagna, Ceretti e Mazzucato 2015, 275].

Incontri, rapporti spiazzanti, come quello del presidente Elvio Fassone con Salvatore, «gatto selvatico», un pluriomicida e affiliato alla criminalità organizzata, raccontato nel suo splendido libro. È un rapporto impensabile, un luogo di confine, che inizia con un gesto inusuale, *extra ordinem*: un presidente di tribunale che decide di scrivere una lettera a un mafioso che ha appena condannato all'ergastolo. E gli dona un libro, *Siddharta*, per quella frase che descrive così bene l'umano, ogni umano: «Mai un uomo, o un atto, è tutto *samsara* o tutto *nirvana*, mai un uomo è interamente santo o interamente peccatore» [Fassone 2015, 47].

Riferimenti bibliografici

Riferimenti bibliografici

Aa.Vv.
1991 *La parola all'accusato*, Palermo, Sellerio.
Ahl, F.
2012 *Coping with the Canonical Oedipus*, in F. Citti e A. Iannucci (a cura di), *Edipo classico e contemporaneo*, Zürich-New York-Hildesheim, Georg Olms Verlag, pp. 1-30.
Arendt, H.
2009 *Vita activa. La condizione umana*, Milano, Bompiani.
2015 *Socrate*, Milano, Raffaello Cortina.
Ascarelli, T.
1960 *Antigone e Porzia*, in *Studi giuridici in memoria di Filippo Vassalli*, Torino, Utet, pp. 107-117.

Barak, A.
2012 *Proportionality. Constitutional Rights and Their Limitations*, Cambridge, Cambridge University Press.
Barsotti, V., Carozza, P.G., Cartabia, M. e Simoncini, A.
2015 *Italian Constitutional Justice in Global Context*, Oxford, Oxford University Press.
Bearzot, C.
2008 *La giustizia nella Grecia antica*, Roma, Carocci.

Bergoglio, J.M. (Francesco)
2013 *Guarire dalla corruzione*, Bologna, Emi.
2014 *Discorso del Santo Padre Francesco alla delegazione dell'Associazione internazionale di diritto penale*, Roma, Libreria Editrice Vaticana.
Bertagna, G., Ceretti, A. e Mazzucato, C. (a cura di)
2015 *Il libro dell'incontro*, Milano, Il Saggiatore.
Bettini, M.
2009 *Il fratello di Antigone. Dilemmi parentali, «survivals» e regole del lutto*, in Id., *Affari di famiglia. La parentela nella letteratura e nella cultura antica*, Bologna, Il Mulino, pp. 321-322.

Cacciari, M.
1985 *Perché Antigone*, in «Antigone. Rivista bimestrale di critica dell'emergenza», edizione brossura, pp. 21 ss.
2007 (a cura di), *La parola che uccide*, in Sofocle, *Antigone*, Torino, Einaudi.
Calabresi, G.
2014 *Il mestiere del giudice*, Bologna, Il Mulino.
Calamandrei, P.
1965 *Giustizia e politica, sentenza e sentimento. Opere giuridiche*, a cura di M. Cappelletti, Napoli, Morano, I.
1996 *Costituzione e leggi di Antigone. Scritti e discorsi politici*, Scandicci, La Nuova Italia.
Cartabia, M.
2016 *«Nuovi diritti» e leggi imperfette*, in «Iustitia», 2, pp. 153-182.
Cartabia, M. e Simoncini, A. (a cura di)
2013 *La legge di re Salomone*, Milano, Rizzoli.

Cascetta, A.
2012 *Il dramma del processo tra mito e realtà*, in Forti, Mazzucato e Visconti [2012, 485-496].
2014 *Limite, trasgressione e responsabilità: riscritture moderne della tragedia antica*, in Forti, Mazzucato e Visconti [2014, 4-20].
Cassese, S.
2017 *La democrazia e i suoi limiti*, Milano, Mondadori.
Castellani, L.
2015 *Norimberga. Processo al processo*, intervista 1985, edizione digitale.
Curi, U.
1995 *Endiadi. Figure della duplicità*, Milano, Feltrinelli.

David-Jougneau, M.
2010 *Socrate, dissident. Aux sources d'une éthique pour l'individu-citoyen*, Arles, Actes Sud.
Del Corno, D.
2012 (a cura di) Sofocle, *Edipo Re Edipo a Colono Antigone*, Milano, Mondadori.
De Romilly, J.
1970 *La tragédie grecque*, Paris, Presses Universitaires de France.
1995 *Tragédies grecques au fil des ans*, Paris, Les Belles Lettres.
2005 *La legge nel pensiero greco. Dalle origini ad Aristotele*, Milano, Garzanti.
Di Lucia, P.
2014 *Il nomotropismo di Antigone*, in «Dike», 17, pp. 153-168.
Dostoevskij, F.
2014 *I fratelli Karamazov*, Torino, Einaudi.

Eckermann, J.P.
2008 *Conversazioni con Goethe negli ultimi anni della sua vita* (1848), a cura di E. Gianni, Torino, Einaudi, 2008.
Ehrenberg, V.
2001 *Sofocle e Pericle*, Brescia, Morcelliana.
Epidendio, T.E.
2015 *La pena, il tempo e la memoria: nuovi paradigmi della complessità giuridica*, in S. Cecchi, G. Di Rosa, e T.E. Epidendio (a cura di), *Partire dalla pena. Il tramonto del carcere*, Macerata, liberilibri.

Fassone, E.
2015 *Fine pena: ora*, Palermo, Sellerio.
Forti, G., Mazzucato, C. e Visconti, A. (a cura di)
2012 *Giustizia e letteratura*, Milano, Vita e Pensiero, I.
2014 *Giustizia e letteratura*, Milano, Vita e Pensiero, II.

Glendon, M.A.
1991 *Rights Talk: The Impoverishment of Political Discourse*, New York, The Free Press.
Guardini, R.
2006 *Ritratto della malinconia*, Brescia, Morcelliana.
Guitton, J.
1986 *Arte nuova di pensare*, Cinisello Balsamo, Edizioni Paoline.

Hegel, G.W.F.
2007 *La fenomenologia dello spirito*, a cura di G. Garelli, Torino, Einaudi.
Hesse, K.
1999 *Grundzüge des Verfassungsrechts der Bundesrepublik Deutschland. Neudruck der 20. Auflage*, Heidelberg, Müller.

Holmes, S. e Sunstein, C.R.
2000 *Il costo dei diritti*, Bologna, Il Mulino.

Loraux, N.
2001 *La voce addolorata. Saggio sulla tragedia greca*, Torino, Einaudi.

Mazzucato, C.
2015 *La giustizia dell'incontro. Il contributo della giustizia riparativa al dialogo tra responsabili e vittime della lotta armata*, in Bertagna, Ceretti e Mazzucato [2015, 251-303].

Meier, C.
1996 *Atene. La città che inventò la democrazia e diede un nuovo inizio alla storia*, Milano, Garzanti.

Moeller, C.
2008 *Saggezza greca e paradosso cristiano*, Brescia, Morcelliana.

Nussbaum, M.
2017 *Rabbia e perdono*, Bologna, Il Mulino.

Ost, F.
2007 *Mosè, Eschilo, Sofocle. All'origine dell'immaginario giuridico*, Bologna, Il Mulino.

Paris, D.
2011 *L'obiezione di coscienza. Studio sull'ammissibilità di un'eccezione dal servizio militare alla bioetica*, Firenze, Passigli.

Radbruch, G.
1946 *Ingiustizia legale e diritto sovralegale*, in A.G. Conte, P. Di Lucia, L. Ferrajoli e M. Jori (a

cura di), *Filosofia del diritto*, Milano, Raffaello Cortina, 2002.
Ratzinger, J. (Benedetto XVI)
2005 *Fede, verità, tolleranza. Il cristianesimo e le religioni del mondo*, Siena, Cantagalli.
2007 *«Spe salvi». Lettera enciclica ai vescovi, ai presbiteri e ai diaconi e a tutte le persone consacrate e a tutti i fedeli laici sulla speranza cristiana*, Città del Vaticano, Libreria Editrice Vaticana.
Ricoeur, P.
1991 *Le juste entre le legal et le bon*, in «Esprit», settembre, pp. 5-21.
1998 *Il giusto*, Torino, Sei.
2003 *La memoria, la storia, l'oblio*, Milano, Raffaello Cortina.
2005 *Percorsi del riconoscimento*, Milano, Raffaello Cortina.
2009 *Philosophie de la volonté*, II: *Finitude et Culpabilité* (1960), Paris, Points.
2016 *Sé come un altro*, Milano, Jaca Book.
Rodotà, S.
2013 *Il diritto di avere diritti*, Roma-Bari, Laterza.
Romagnoli, E.
1933 (a cura di) Sofocle, *Antigone*, Bologna, Zanichelli.

Segal, C.
1981 *Tragedy and Civilization: An Interpretation of Sophocles*, Cambridge (Mass.)-London, Harvard University Press.
Steiner, G.
1984 *Antigones*, New Haven, Yale University Press.
1990 *Le Antigoni*, Milano, Garzanti.
2005 *La morte della tragedia*, Milano, Garzanti.

Stella, F.
2006 *La giustizia e le ingiustizie*, Bologna, Il Mulino.
Stella, M.
2010 *Edipo o la verifica dei poteri*, in Sofocle, *Edipo re*, a cura di M. Stella, Roma, Carocci, pp. 9-46.

Tonelli, A.
2004 (a cura di) Sofocle, *Le tragedie*, Venezia, Marsilio.

Vernant, J.-P. e Vidal-Naquet, P.
1976 *Mito e tragedia nell'antica Grecia*, Torino, Einaudi.
1991 *Mito e tragedia due. Da Edipo a Dioniso*, Torino, Einaudi.

Yearbook of the International Law Commission
1950 *Documents of the second session including the report of the Commission to the General Assembly*, United Nations, II.
Yehoshua, A.B.
2017 *Literature as a Moral Laboratory*, Accademia nazionale dei Lincei, Premio internazionale «Antonio Feltrinelli» per la narrativa, 10 novembre (disponibile all'indirizzo http://www.lincei.it/files/documenti/testo_Yehoshua_2017.pdf).

Zagrebelsky, G.
1992 *Il diritto mite*, Torino, Einaudi.
2002 *Antigone fra diritto e politica*, Prolusione al Seminario di studi parlamentari «Silvano Tosi» (disponibile all'indirizzo http://www.centrostudiparlamentari.it/website/quaderni/send/21-quaderno-13-seminario-2002/271-q13-02-inaugurazione-zagrebelsky).

2003 *Antigone e la legge che smarrisce il diritto*, in «la Repubblica», 25 giugno.
2008 *La legge e la sua giustizia. Tre capitoli di giustizia costituzionale*, Bologna, Il Mulino.

Zambrano, M.
2014 *La tomba di Antigone*, a cura di C. Ferrucci, Milano, SE.

VOCI

Ultimi volumi pubblicati:

Angelo Panebianco - Sergio Belardinelli, *All'alba di un nuovo mondo*
Aleida Assmann, *Sette modi di dimenticare*
Colin Crouch, *Se il lavoro si fa gig*
Alessandro Dal Lago, *Viva la sinistra. Il futuro di un'idea*
Gian Enrico Rusconi, *Vivere nell'insicurezza*
Patrizio Bianchi, *Nello specchio della scuola. Quale sviluppo per l'Italia*
Luciano Violante, *Insegna Creonte. Tre errori nell'esercizio del potere*
Michele Dantini, *Sulla delicatezza*
Luciano Violante, *Senza vendette. Ricostruire la fiducia tra magistrati, politici e cittadini*
Jürgen Habermas, *Proteggere la vita. I diritti fondamentali alla prova della pandemia*
Giuliano Amato, *Bentornato Stato, ma*
Maria Rosaria Ferrarese, *Poteri nuovi. La grande metamorfosi del potere*
Judith Lorber, *Oltre il gender. I nuovi paradossi dell'identità*
Egidio Ivetic, *Est/Ovest*
Lorenzo Forni, *Net Zero*
Nadia Urbinati, *L'ipocrisia virtuosa*